W0011183

Hueber Sprachführer

Juliane Forßmann / Ilona Hards

Mit Dänisch unterwegs

Hueber Verlag

Grammatik von Angela Pude
Umschlagfotos: © iStockphoto/srebrina, © iStockphoto/danleap,
© iStockphoto/rustycloud
Fotos Innenteil: S. 8: © fotolia/ArTo | S. 11: © iStockphoto/Casper Wilkens | S. 12:
© iStockphoto/Aleksandar Jocic | S. 16: © irisblende.de | S. 20: © www.visitdenmark.
com | S. 24: © iStockphoto/Plougmann | S. 27: © colourbox.com | S. 28 (2):
© www.visitdenmark.com | S. 32: © www.visitdenmark.com | S. 33: © fotolia/
cybercrisi | S. 35: © www.visitdenmark.com | S. 36: © fotolia/Marco2811 | S. 37:
© www.visitdenmark.com | S. 40: © irisblende.de | S. 43: © fotolia/Zsolt Bota Finna |
S. 44: © fotolia/Ilan Amith | S. 47: © contrastwerkstatt | S. 55: © fotolia/laguna35 |
S. 61: © iStockphoto/Casper Wilkens | S. 63: © fotolia/Martina | S. 64: © fotolia/Peggy
Warner | S. 65: © www.visitdenmark.com | S. 67: © panthermedia.net/Alfred N. | S. 71:
© fotolia/silver-john | S. 72: © www.visitdenmark.com | S. 74: © iStockphoto/knape |
S. 76: © iStockphoto/bloodstone | S. 80: © fotolia/lekcets | S. 85: © fotolia/Francis
Dean | S. 89: © iStockphoto/sbossert | S. 90: © colourbox.com | S. 94: © www.visitden
mark.com | S. 97: © digitalstock.de/SveninDK | S. 98: © www.visitdenmark.com |
S. 99: © www.visitdenmark.com | S. 102: © www.visitdenmark.com | S. 107:
© www.visitdenmark.com | S. 113: © fotolia/PANORAMO.de | S. 115: © www.visitden
mark.com | S. 119: © iStockphoto/tacojim | S. 120: © www.visitdenmark.com |
S. 121: © fotolia/Gina Sanders | S. 124: © iStockphoto/Jensen Photo | S. 125:
© panthermedia.net/Corinna H. | S. 129: © Leonard Forssmann-Martin | S. 130:
© iStockphoto/topdeq | S. 132: © Leonard Forssmann-Martin | S. 134: © www.visitden
mark.com | S. 135: © iStockphoto/pejft | S. 137: © www.visitdenmark.com |
S. 138: © panthermedia.net/Carina H. | S. 140: © iStockphoto/LeggNet | S. 142:
© colourbox.com | S. 143: © colourbox.com | S. 150: © fotolia/Wanja Jacob
Zeichnungen: © Gisela Specht, Weßling

Ein kostenloser MP3-Download zum Buch ist unter
www.hueber.de/audioservice erhältlich.

3. 2. 1. | Die letzten Ziffern
2016 15 14 13 12 | bezeichnen Zahl und Jahr des Druckes.
Alle Drucke dieser Auflage können, da unverändert,
nebeneinander benutzt werden.
1. Auflage
© 2012 Hueber Verlag GmbH & Co. KG, 85737 Ismaning, Deutschland
Umschlaggestaltung: wentzlaff | pfaff | güldenpfennig kommunikation gmbh
Zeichnungen: Gisela Specht, Weßling
Redaktion: Juliane Forßmann, Hueber Verlag, Ismaning
Layout: Holger Latzel und Sarah-Vanessa Schäfer, Hueber Verlag, Ismaning
Satz: Memminger MedienCentrum AG, Memmingen
Druck und Bindung: Himmer AG, Augsburg
Printed in Germany
ISBN 978-3-19-009719-7

A23	Wo ist die nächste Tankstelle?	Hvor er den næste benzintank? [wor er dən 'nästə ben'sintank]
A24	Wo ist das deutsche Konsulat?	Hvor er det tyske konsulat? [wor er dä 'tüske konsu'lät]
A25	Haben Sie noch ein Zimmer frei?	Har du endnu et ledigt værelse? [har du 'enu et 'läðit 'wärəlsə]
A26	Lassen Sie mich in Ruhe!	Lad mig være i fred! [la mai̯ 'wärə i freð]
A27	Ich habe mich verlaufen.	Jeg er faret vild. [jai̯ er 'farət wil]
A28	Wie komme ich zum Bahnhof?	Hvordan kommer jeg til banegården? [wor'dan 'kɔmər jai̯ til 'bäne'gou̯rən]
A29	Wie komme ich zur U-Bahn?	Hvordan kommer jeg til metroen? [wor'dan 'kɔmər jai̯ til 'metron]
A30	Hilfe!	Hjælp! [jelp]
A31	Bitte helfen Sie mir!	Vær så venlig at hjælpe mig! [wär sou̯ 'wənli at 'jelpə mai̯]
A32	Feuer!	Brand! [bran]
A33	Rufen Sie einen Krankenwagen!	Tilkald en ambulance! ['tilkal eːn ambu'langsə]
A34	Rufen Sie einen Arzt!	Tilkald en læge! ['tilkal eːn 'läjə]
A35	Rufen Sie die Polizei!	Tilkald politiet! ['tilkal poli'tiət]
A36	Rufen Sie die Feuerwehr!	Tilkald brandvæsenet! ['tilkal 'branwäsnət]
A37	Ich rufe gleich die Polizei!	Jeg tilkalder politiet med det samme! [jai̯ 'tilkalər poli'tiət með dä samə]
A38	was	hvad [wað]
A39	wer	hvem [wem]
A40	wann	hvornår [wor'nou̯r]
A41	wie	hvordan [wor'dan]
A42	warum	hvorfor [wor'for]

A43	wo	hvor [wor]
A44	wessen	hvis [vis]
A45	Millimeter	millimeter ['milimätər]
A46	Zentimeter	centimeter ['sentimätər]
A47	Meter	meter ['mätər]
A48	1,82 m	en meter toogfirs [eːn 'mätər to o firs]
A49	Kilometer	kilometer ['kilomätər]
A50	50 Kilometer pro Stunde	halvtreds kilometer i timen ['haltres 'kilomätər i 'tiːmən]
A51	Gramm	gram [gram]
A52	Pfund	pund [pun]
A53	Kilogramm	kilogram ['kilogram]
A54	Zentner	centner ['sentnər]
A55	Tonne	ton [tɔn]
A56	Liter	liter ['litər]

Einführung

Gute Reise mit dem Hueber Sprachführer Dänisch! Wenn Sie nach Dänemark reisen, ist dieser Sprachführer das Richtige für Sie, denn alle Übersetzungen richten sich nach dem Standarddänischen rigsdansk ['risdansk], das überall dort verstanden wird, wo man Dänisch spricht.

Dennoch sollte man sich im Klaren darüber sein, dass es sehr viele Dialekte in Dänemark gibt, die teilweise erheblich vom Standarddänischen abweichen.

Eine Besonderheit im heutigen Dänemark ist die weit verbreitete Gewohnheit, auch Fremde mit der Du-Form (du [du]) anzusprechen, obwohl es durchaus eine Sie-Form (De [di]) gibt. Zwar würde niemand auf die Idee kommen, die dänische Königin mit du anzusprechen, aber Sie sollten sich auf keinen Fall respektlos behandelt fühlen, wenn Sie geduzt werden. Natürlich dürfen Sie selbst die Dänen ebenfalls duzen. Alle

Sätze in diesem Sprachführer enthalten dementsprechend die übliche Du-Form.

Im Gegensatz zu den meisten europäischen Sprachen gibt es im Dänischen kein Wort für *bitte*. Das heißt natürlich nicht, dass Dänen weniger höflich sind, aber der richtige Ausdruck hängt von der Situation ab. Wenn man etwas anbietet, sagt man Værsgo! [wärs'go] (*Bitte schön!*). Wenn man um etwas bittet, sagt man oft Tak! [tak] (*Danke!*) oder man formuliert den Satz um, damit er höflicher klingt. Ihr Sprachführer bietet für jede Situation die richtige Formulierung.

Der Sprachführer setzt sich aus fünf hilfreichen Komponenten zusammen: Die kompakte Einführung in die Aussprache macht Sie mit der vereinfachten Lautschrift vertraut; mit ihrer Hilfe können Sie alle Wörter und Sätze problemlos aussprechen. Die darauffolgenden Kapitel bieten Ihnen nützliche Formulierungen für alle typischen Reisesituationen. In der Kurzgrammatik können Sie nach Wunsch die Sprache besser kennenlernen, um sie noch effizienter zu nutzen. Wenn es mal ohne Worte gehen soll, helfen Ihnen die Zeigetafeln weiter. Das Wörterbuch für Reisende, in dem Sie Wörter von A bis Z nachschlagen können, vervollständigt Ihre „Sprachausrüstung". Nun kann nichts mehr schiefgehen.

Aber es gibt noch mehr: Die zum Sprachführer passenden Audiodateien können Sie sich auf www.hueber.de/audioservice herunterladen und so über 1000 Tracks anhören.

In der folgenden Tabelle sind alle Symbole und Abkürzungen aufgelistet, die Ihnen die Verwendung des Sprachführers erleichtern sollen:

🔊	Lautsprechersymbol, unter dem die Tracknummern der anhörbaren Phrasen aufgelistet sind
B01	Tracknummer, mit deren Hilfe Sie den damit markierten Satz auf der Audiodatei finden können
?	Lücke, in die Sie die darunter folgenden Alternativen einsetzen können
☑	Wort/Wörter, das/die Sie in den Lückensatz oben einsetzen können
etw. = etwas	noget (im Reisewörterbuch verwendet)

jd, jdn, jdm = jemand, jemanden, jemandem	nogen (im Reisewörterbuch verwendet)
n., o	Neutrum (sächliches Geschlecht)

Die richtige Aussprache

Die dänische Aussprache der Buchstaben unterscheidet sich wesentlich von der deutschen. Deshalb finden Sie nach jedem dänischen Wort und Satz eine einfache lautschriftliche Umschreibung, die so weit wie möglich auf der deutschen Aussprache der Buchstaben beruht.

Die Betonung liegt meist auf der ersten Silbe.

Das dänische **A** wird unterschiedlich ausgesprochen. Oft bezeichnet es einen Laut, der zwischen dem deutschen **A** und **Ä** angesiedelt ist. Es wird aber auch manchmal wie ein kurzes bzw. langes **A** ausgesprochen. Es wird hier je nach Buchstabenkombination mit **ä**, **a** oder **aː** umschrieben.

Es gibt drei Sonderzeichen, die es zu beachten gilt. Die Buchstaben **æ**, **Æ** und **ø**, **Ø** entsprechen im Laut annähernd den deutschen Buchstaben **Ä** und **Ö**; **å**, **Å** wird wie eine verschmelzende Abfolge von **O** und **U** gesprochen.

H ist in den Kombinationen **hj** und **hv** stumm, wird also nicht gesprochen.

V wird immer wie **W** und nie wie **F** ausgesprochen.

S wird im Dänischen immer stimmlos wie in *Verlust* oder *Ergebnis* gesprochen.

In der folgenden Tabelle erklären wir Ihnen einige Symbole, die Laute darstellen, die im Deutschen nicht existieren und so eine genauere vereinfachte Lautschrift ermöglichen. Weitere Lautdarstellungen werden erklärt, damit keine Verwechslungen entstehen können. Laden Sie sich auf unserer Webseite unter www.hueber.de/audioservice die zum Sprachführer passenden Audiodateien herunter; dann können Sie sich die Aussprache von phonetischen Beispielen und Wendungen auch anhören.

Wenn Sie noch mehr über das dänische Alphabet und die Aussprache erfahren möchten, lesen Sie auch S. 151 der Kurzgrammatik.

B01	'	steht immer vor der Wortsilbe, die betont wird.	**aften** ['aften] Abend
B02	ː	zeigt an, dass der Vokal, der diesem Symbol vorausgeht, lang gesprochen wird.	**sent** [seːnt] spät
B03	‿	verbindet Laute, die schnell hintereinander gesprochen werden und so nahezu zu einem etwas längerem Laut verschmelzen.	**hej** [hai̯] hallo
B04	a	ist ohne darauffolgendes Längenzeichen immer kurz wie in *Schanze*.	**tak** [tak] danke
B05	au̯	klingt wie **au** wie in *herauf*.	**afgang** [au̯gang] Abfahrt
B06	ə	ist ein sehr kurz ausgesprochenes **E**, so wie am Ende von *Seele* oder *Quelle*.	**ikke** ['ikə] nicht
B07	ɔ	steht für ein offen gesprochenes **O** wie in *Koffer*.	**hånd** [hɔnd] Hand
B08	ŋg	ist wie **ng** in *Ring*.	**ting** [tiŋg] Ding
B09	ou̯	ist wie **o** im Englischen *over* oder *go*.	**åben** ['ou̯bən] offen
B10	s	bezeichnet ein stimmloses S wie in *Verlust*.	**selv** [sel] selbst

B11	ð	steht für ein stimmhaftes, stark gelispeltes **S**, bei dem man die Zungenspitze über die obere Zahnreihe hinausschiebt, als wolle man die Zunge herausstrecken, und gleichzeitig den ersten Abschnitt der Zungenmitte kurz gegen die obere Zahnreihe und den Gaumen presst.	**ledig** [läði] frei, nicht besetzt
B12	u	ist ohne darauffolgendes Längenzeichen immer kurz wie in *Nummer*.	**hund** [hun] Hund

Rejseforberedelser
Reisevorbereitungen

Eine Unterkunft buchen
En pladsbestilling

	Ich möchte gern ☐ buchen.	Jeg vil gerne bestille ☐. [j<u>a</u>i wil 'gernə bə'stilə]
C01	☑ eine Übernachtung mit Frühstück	☑ en overnatning med morgenmad [eːn 'oərnatniŋ með 'morənmað]
C02	☑ eine Übernachtung mit Halbpension	☑ en overnatning med halvpension [eːn 'oərnatniŋ með 'halpaŋsion]
C03	☑ eine Übernachtung mit Vollpension	☑ en overnatning med helpension [eːn 'oərnatniŋ með 'hälpaŋsion]
C04	☑ ein Einzelzimmer	☑ et enkeltværelse [et 'enkəltwärəlsə]
C05	☑ ein Doppelzimmer	☑ et dobbeltværelse [et 'dɔbəltwärəlsə]
C06	☑ sieben Nächte Halbpension	☑ syv nætter halvpension [sü 'netər 'halpaŋsion]
C07	☑ sieben Nächte Vollpension	☑ syv nætter helpension [sü 'netər 'hälpaŋsion]
C08	☑ eine Ferienwohnung für *zwei/drei/vier* Personen	☑ en ferielejlighed til *to/tre/fire* personer [eːn 'feriəl<u>a</u>ilihatð til toː/treː/fir per'sonər]
C09	☑ ein Ferienhaus	☑ et feriehus [et 'feriəhus]
C10	mit einem Kinderbett	med en børneseng [með eːn 'börnəseŋ]
C11	für zwei Erwachsene und *ein Kind/zwei Kinder*	til to voksne og *et barn/to børn* [til toː 'wɔksnə o et barn/toː börn]
C12	mit Toilette	med toilet [með toi'let]
C13	mit *Dusche/Bad*	med *brusebad/bad* [með 'brusəbað/bað]
C14	für *eine Woche/zwei Wochen*	i *en uge/to uger* [i eːn 'uə/toː 'uər]
C15	(für die Zeit) vom ... bis zum ...	(til tiden) fra ... til ... [(til 'tiðən) fra ... til]
C16	in ruhiger Lage	i et roligt område [i et 'rolit 'ɔmrou̯ðə]

C17	in zentraler Lage	i et centralt område [i et sen'tralt 'ɔmrou̯ðə]
C18	in Strandnähe	i nærheden af stranden [i 'nærheðən a 'stranən]
C19	Sind Haustiere erlaubt?	Er husdyr tilladte? [er 'husdür 'tilatə]
C20	Können wir unseren Hund mitbringen?	Kan vi tage vores hund med? [kan wi ta 'worəs hun með]

Mit dem Hund auf Urlaub

Hunde können grundsätzlich nach Dänemark mitgenommen werden. Allerdings müssen einige strenge Voraussetzungen erfüllt werden, die in einem Heimtierausweis festgehalten werden. Eine Tollwutimpfung gehört unbedingt dazu. In jedem Fall muss der Tierarzt dem Haustier einen Mikrochip einpflanzen, dessen Nummer im Heimtierausweis vermerkt wird. Erkundigen Sie sich mindestens sechs Monate vor der Reise beim Tierarzt und Ihrer Fluggesellschaft. Die Einreise einiger als gefährlich geltender Hunderassen ist verboten. Eine Liste ist auf der Webseite der dänischen Botschaft Berlin www.ambberlin.um.dk zu finden. In Wäldern und an Stränden besteht im Sommer Leinenpflicht.

C21	Müssen wir Bettzeug und Handtücher selbst mitbringen?	Skal vi selv medbringe sengetøj og håndklæder? [skal wi sel 'meðbringə 'sengətɔi̯ o 'hɔnklæðər]
C22	Ich reise am … um ca. … Uhr an.	Jeg ankommer den … ca. klokken … [jai̯ 'ankɔmər dən … 'sirka 'klɔkən]
C23	Wir reisen am … ab.	Vi rejser den … [wi 'rai̯sər dən]

Ein Ticket buchen
Bestille en billet

	Ich möchte gern ⬚ buchen.	Jeg ville gerne bestille ⬚. [jai 'wilə 'gernə bə'stilə]
C24	☑ einen Flug	☑ et fly [et flü]
C25	☑ eine Fähre	☑ en færge [eːn 'färjə]
C26	☑ eine Reise	☑ en rejse [eːn raisə]
C27	Hin- und Rückfahrt, bitte.	En returbillet, tak. [eːn re'turbilet tak]
C28	Die Hinreise ist am ...	Henrejsen er den ... ['henraisən er dən]
C29	Die Rückreise ist am ...	Tilbagerejsen er den ... [til'bäjəraisən er dən]
C30	Ich würde gern einen Sitzplatz reservieren.	Jeg ville gerne reservere en siddeplads. [jai 'wilə 'gernə reser'werə eːn 'siðəplas]
C31	Ich möchte erster Klasse reisen.	Jeg ville gerne rejse på første klasse. [jai 'wilə 'gernə 'raisə pou 'förstə 'klasə]
	Um wie viel Uhr geht ⬚ nach ...?	Hvad tid går ⬚ til ...? [waðtið gour ... til]
C32	☑ die Fähre	☑ færgen ['färjən]
C33	☑ der nächste Flug	☑ det næste fly [dä 'nästə flü]
C34	☑ der nächste Zug	☑ det næste tog [dä 'nästə tou]
C35	Wann kommt der Zug an?	Hvornår ankommer toget? [wor'nour 'ankɔmər 'touət]
C36	Wann fährt der Bus ab?	Hvornår kører bussen? [wor'nour 'körər 'busən]
C37	Wie viel kostet das Ticket?	Hvad koster billetten? [waðˈkɔstər bi'letən]
C38	Bitte bestätigen Sie mir die Buchung schriftlich.	Vil du være så venlig at bekræfte bestillingen skriftligt. [wil du 'wäre sou 'wenli at bə'kräftə bə'stilingən 'skriftlit]

C39 Ich möchte die Reservierung stornieren.	Jeg ville gerne afbestille reserveringen. [jai 'wilə 'gernə 'aubəstilə reser'weriŋən]

Am Telefon
På telefonen

... på telefonen. Hvad kan jeg hjælpe dig med? [pou tele'fonən waÐ kan jai 'jelpə dai meÐ]	... am Apparat. Wie kann ich Ihnen helfen?

C40 Hier ist ...	Her er ... [her er]
C41 Bin ich hier richtig beim Hotel ...?	Er det rigtigt, at jeg er ved ... hotel? [er dä 'rigtit at jai er veÐ ... ho'tel]
C42 Ich würde gern mit ... sprechen.	Jeg ville gerne tale med ... [jai 'wilə 'gernə 'tälə meÐ]

16

Han/Hun er desværre ikke der. [han/hun er des'wärə 'ikə der]	*Er/Sie* ist leider nicht da.
Vil du efterlade en besked? [wil du 'eftərlaðə eːn bə'skeð]	Möchten Sie eine Nachricht hinterlassen?

C43	Könnten Sie *ihm/ihr* ausrichten, dass ...	Kunne du lade *ham/hende* vide, at ... ['kunə du 'laðə ham/'henə 'wiðə at]
C44	Könnte *er/sie* mich zurückrufen?	Kunne *han/hun* ringe tilbage? ['kunə han/hun 'riŋgə til'bäə]
C45	Meine Nummer ist 00 49	Mit nummer er nul nul fire ni .... [mit 'numər er nul nul 'fir ni]

Welche Vorwahl ist richtig?

Die Vorwahl von Dänemark ist **0045**. Möchte man von Dänemark aus eine deutsche Nummer wählen, lautet die Vorwahl **0049**. Die Vorwahl für Österreich ist **0043** und die für die Schweiz **0041**.

C46	Könnten Sie mir die Nummer von ... geben?	Kunne du give mig nummeret på ...? ['kunə du 'giː mai̯ 'numəret pou̯]

Nummeret er ... ['numərət er]	Die Nummer ist ...

C47	Auf Wiederhören!	Farvel! [far'wel]

Per E-Mail, Fax oder Brief
Per e-mail, fax eller brev

Sehr geehrter Herr ...,	Til hr. ..., [til her]
Sehr geehrte Frau ...,	Til fru ..., [til fru]

> Eine höfliche Grußformel wie *Sehr geehrte Damen und Herren* wird in dänischen Briefen nicht benutzt. Man beginnt einen förmlichen Brief einfach ohne Anrede.

Bitte lassen Sie mich wissen, ?.	Vær så venlig at lade mig vide, . [wär sọu 'wenli at 'laðə mại 'wiðə]
☑ ob die Unterkunft noch frei ist	☑ om der stadig væk er ledigt [om der 'staði wek er 'läðit]
☑ wie viel das kostet und was der Preis mit einschließt	☑ hvor meget det koster, og hvad der er medregnet [wor 'mại ət dä 'kɔstər o wa ð der er 'meðrại nət]
☑ ob eine Anzahlung erforderlich ist	☑ om en forudbetaling er nødvendig [om eːn 'foruðbətäling er nöð'wendi]
Mit freundlichen Grüßen	Med venlig hilsen [með 'wenli 'hilsən]

Angaben zur Person machen
Oplysninger om en person

Hvad er ?? [wa ð er]	Wie lautet ??
☑ dit fornavn [dit 'fornạun]	☑ Ihr Vorname
☑ dit efternavn [dit 'eftərnạun]	☑ Ihr Nachname
☑ din adresse [diːn a'dressə]	☑ Ihre Adresse

☑ dit telefonnummer [dit tele'fonnumər]	☑ Ihre Telefonnummer
☑ dit mobiltelefonnummer [dit mo'biːl tele'fonnumər]	☑ Ihre Handynummer
☑ din e-mailadresse [diːn 'iːmäl a'dresə]	☑ Ihre E-Mail-Adresse

C48	Ich heiße...	Jeg hedder ... [jai heðər]
C49	Meine Telefonnummer ist ...	Mit telefonnummer er ... [mit tele'fonnumər er]
C50	Meine Handynummer ist ...	Mit mobiltelefonnummer er ... [mit mo'biːl tele'fonnumər er]
C51	Meine E-Mail-Adresse lautet ...	Min e-mailadresse er ... [miːn 'iːmäl a'dresə er]

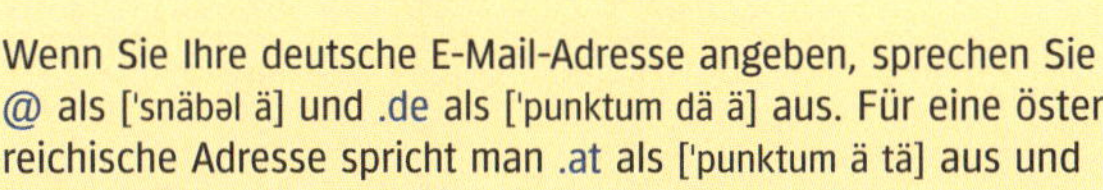

Wenn Sie Ihre deutsche E-Mail-Adresse angeben, sprechen Sie @ als ['snäbəl ä] und .de als ['punktum dä ä] aus. Für eine österreichische Adresse spricht man .at als ['punktum ä tä] aus und für eine Schweizer Adresse .ch als ['punktum sä hou].

Hvilken nationalitet har du? ['wilkən nasionali'tät har du]	Welche Nationalität haben Sie?

C52	Ich bin *Deutsche(r)/ Österreicher(in)/ Schweizer(in)*.	Jeg er *tysker/østriger/svejtser* [jai er 'tüskər/ 'östriər/'swaitsər]

På rejsen
Auf der Reise

An der Grenze
Ved grænsen

Den Reisepass nicht vergessen!

Bei der Einreise nach Dänemark aus der Bundesrepublik Deutschland, der Schweiz und Österreich ist ein gültiger Reisepass oder Personalausweis mitzuführen. Diese Reisedokumente müssen noch mindestens drei Monate gültig sein. Seit dem 1. Januar 2006 ersetzt der Kinderreisepass den Kinderausweis.

Paskontrol! ['paskɔntrɔl]	Die Pässe, bitte!
Vær så venlig at have jeres pas parat! [wär sou̯ 'wenli at 'häwə 'jerəs pas pa'ra:t]	Bitte halten Sie die Pässe bereit!

D01	Bitte sehr.	Værsgo. [wärs'go]
D02	Ich kann meinen Pass nicht finden.	Jeg kan ikke finde mit pas. [jai̯ kan 'ikə 'finə mit pas]

Vær så venlig at gå til siden. [wär sou̯ 'wenli at gou̯ til 'siðən]	Bitte treten Sie an die Seite.
Vær så venlig at åbne bagagerummet. [wär sou̯ 'wenli at 'ou̯bnə ba'gäschərumət]	Bitte öffnen Sie den Kofferraum.

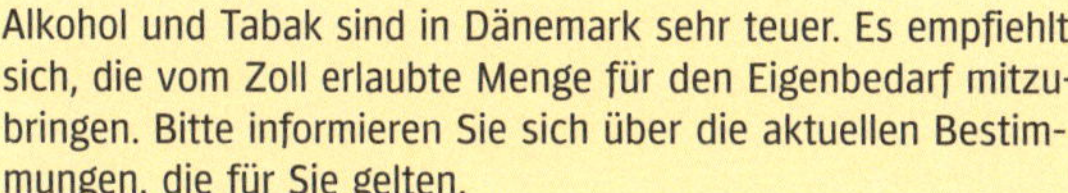

Alkohol und Tabak sind in Dänemark sehr teuer. Es empfiehlt sich, die vom Zoll erlaubte Menge für den Eigenbedarf mitzubringen. Bitte informieren Sie sich über die aktuellen Bestimmungen, die für Sie gelten.

Wo gehts lang?
Hvordan kommer man derhen?

D03 Ich habe mich verfah-ren/verlaufen.	Jeg er faret vild. [jai̯ er 'farət wil]
Wie komme ich ⍰?	Hvordan kommer jeg ⍰? [wor'dan 'kɔmər jai̯]
D04 ☑ zur Autobahn	☑ til motorvejen [til 'motorwai̯ən]
D05 ☑ zum Bahnhof	☑ til banegården [til 'bänəgou̯rən]
D06 ☑ zum Fährhafen	☑ til havnen [til 'hau̯nən]
D07 ☑ zum Flughafen	☑ til lufthavnen [til 'lufthau̯nən]

Du skal køre videre ⍰. [du skal 'körə 'wiðrə]	Fahren Sie weiter ⍰.
☑ hen til den næste lyskurv [hen til dən 'nästə 'lüskurw]	☑ bis zur nächsten Ampel
☑ til du kommer til enden af vejen [til du 'kɔmər til 'enən a 'wai̯ən]	☑ bis Sie zum Ende der Straße kommen
☑ til den anden rundkørsel [til dən 'anən 'runkörsəl]	☑ bis zum zweiten Kreisverkehr
☑ til byens centrum [til 'büəns 'sentrum]	☑ bis ins Stadtzentrum
Du skal dreje af til *venstre/højre*. [du skal 'drai̯ə ä til 'wenstrə/'hɔi̯rə]	Biegen Sie *links/ rechts* ab.
Du skal tage den anden gade på *venstre/ højre* hånd. [du skal ta dən 'anən 'gaðə pou̯ 'wenstrə/'hɔi̯rə hɔn]	Nehmen Sie die zweite Straße *links/ rechts*.
Du skal vende om. [du skal 'wenə ɔm]	Drehen Sie um.
Du skal fortsætte med at køre lige ud. [du skal 'fortsetə məð at 'körə 'liːə uð]	Fahren Sie immer geradeaus.
Du skal blive i denne gade. [du skal 'bliːwə i 'denə 'gaðə]	Folgen Sie dem Straßenverlauf.

D08	Wie weit ist es noch bis ...?	Hvor langt er der endnu til ... ? [wor langt er der 'enu til]
D09	Wie viele Kilometer ...?	Hvor mange kilometer ... ? [wor 'mange kilo'mätər]

Gaden er spærret. ['gaðən er 'spärət]	Die Straße ist gesperrt.
Du skal tage omkørslen. [du skal ta 'omkörslən]	Nehmen Sie die Umleitung.

D10	Gibt es eine alternative Route?	Findes der en anden vej? [finəs der eːn anən waj]
D11	Darf ich hier parken?	Må jeg parkere her? [mou jaj par'kerə her]

Tanken und Rasten

Fylde benzin på og holde hvil

	Wo ist ▢?	Hvor er ▢? [wor er]
D12	☑ die nächste Tankstelle	☑ den næste benzintank [dən 'nästə ben'sintank]
D13	☑ die nächste Raststätte	☑ den næste restauration [dən 'nästə 'restɔrasion]
D14	Bitte volltanken.	Fyld den op, tak. [fül dən ɔp tak]
	Ich tanke ▢.	Bilen bruger ▢. ['biːlən 'bruər]
D15	☑ Diesel	☑ diesel ['diːsəl]
D16	☑ Benzin	☑ benzin/92 oktan [ben'sin/'toohalfems ok'tän]
D17	☑ Super/Super plus	☑ 95 oktan/98 oktan ['femohalfems ok'tän/ 'outəohalfems ok'tän]
	Könnten Sie bitte ▢?	Vil du være så venlig at ▢? [wil du wär sou 'wenli at]

D18	☑ das Wasser nach- sehen	☑ tjekke vandet ['tschekə 'wanət]
D19	☑ das Öl prüfen	☑ tjekke oliestanden ['tschekə 'oliəstanən]
D20	☑ Öl nachfüllen	☑ fylde olien op ['fülə 'oliən ɔp]
D21	☑ den Reifendruck prüfen	☑ tjekke dæktrykket ['tschekə 'dektrükət]
D22	Ich habe aus Verse- hen *Diesel/Benzin* getankt!	Jeg har ved en fejltagelse fyldt *diesel/ben- zin* på! [jai̯ har weð eːn 'fai̯ltäəlsə fült 'diːsəl/ ben'sin pou̯]

Panne und Unfall
Uheld og ulykke

D23	Ich habe einen Plat- ten.	Jeg er punkteret. [jai̯ er punk'terət]

D24	Könnten Sie bitte den Reifen wechseln?	Vil du være så venlig at udskifte dækket? [wil du wär sou 'wenli at 'uðskiftə 'dekət]
	Ich brauche ⏹.	Jeg har brug for ⏹. [jai har bru for]
D25	☑ einen Abschlepp-dienst	☑ en bugseringsservice [eːn buk'seringsserwis]
D26	☑ eine *VW®-/BMW®-*Vertragswerkstatt	☑ et *VW®/BMW®* værksted [et weː'dɔbəlweː/beːem'dɔbəlweː 'werksteð]
D27	Bitte schleppen Sie den Wagen bis zur nächsten Werkstatt.	Vil du være så venlig at tage bilen på slæb til det næste værksted? [wil du wär sou 'wenli at ta 'biːlən pou släːb til dä 'nästə 'werksteð]
D28	Der Motor springt nicht an.	Jeg kan ikke starte motoren. [jai kan 'ikə 'startə 'motorən]
D29	Die Kupplung ist kaputt.	Koblingen er i stykker. ['kɔblingən er i 'stükər]
D30	Der Tank ist leer.	Tanken er tom. ['tankən er tɔm]
D31	Bis wann können Sie es reparieren?	Hvor lang tid vil det tage at reparere den? [wor lang tið wil dä ta at repa'rerə dən]
D32	Es gab einen Unfall.	Der er sket en ulykke. [der er skeːt eːn 'ulükə]
D33	Bitte geben Sie mir die Anschrift Ihrer Versicherung.	Kan du give mig oplysningerne om din for-sikring? [kan du gi mai 'ɔplüsningərnə ɔm diːn for'sikring]
D34	Rufen Sie bitte *die Polizei/einen Kranken-wagen!*	Tilkald *politiet/en ambulance!* ['tilkal poli'tiət/eːn ambu'langsə]
D35	... Personen sind (schwer) verletzt.	.. personer er (hårdt) såret. [per'sonər er (hourt) sourət]
D36	Haben Sie den Unfall gesehen?	Har du set ulykken? [har du seːt 'ulükən]
D37	Bitte geben Sie mir Ihre Anschrift.	Kan du give mig din adresse? [kan du gi mai diːn a'dresə]

Verkehrskontrolle
Trafikkontrol

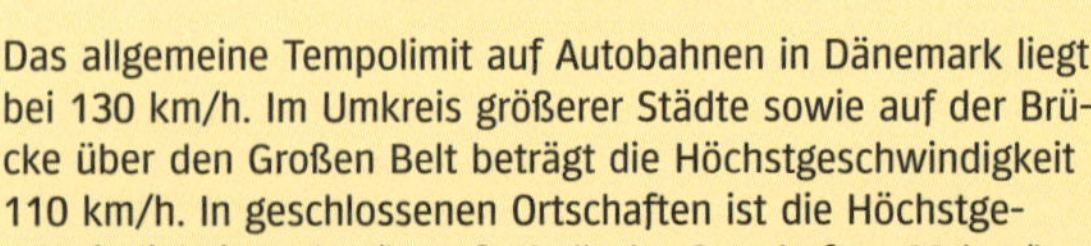

Das allgemeine Tempolimit auf Autobahnen in Dänemark liegt bei 130 km/h. Im Umkreis größerer Städte sowie auf der Brücke über den Großen Belt beträgt die Höchstgeschwindigkeit 110 km/h. In geschlossenen Ortschaften ist die Höchstgeschwindigkeit 50 km/h, außerhalb der Ortschaften 80 km/h.

Må jeg se dit kørekort? [mou jai seː dit 'körekort]	Kann ich bitte Ihren Führerschein sehen?
Må jeg se kontrakten på din udlejningsvogn? [mou jai seː 'kontraktən pou diːn 'uðlainingswoun]	Kann ich bitte Ihren Mietwagenvertrag sehen?

D38 Bitte sehr.	Værsgo. [wärs'go]
Mange tak. ['mangə tak]	Vielen Dank.

D39 Es tut mir sehr leid – ich habe meine Papiere nicht dabei.	Det gør mig meget ondt – jeg har ikke mine papirer med. [dä gör mai 'maiət ont jai har 'ikə 'miːnə pa'pirər með]

Være så venlig at stige ud. [wär sou 'wenli at stiːə uð]	Bitte steigen Sie aus.
Jeg må på grund af en hastighedsovertrædelse give dig en bøde. [jai mou pou gron a en 'hastiheðs 'oərträðəlsə gi dai en 'böðə]	Ich muss Sie wegen Geschwindigkeitsübertretung mit einem Bußgeld belangen.

| D40 | Ich möchte das Buß-geld gleich zahlen. | Jeg vil gerne betale bøden med det samme. [jai̯ wil 'gernə bə'tälə 'böðən með dä samə] |
| D41 | Ich habe *kein/nicht genug* Bargeld dabei. | Jeg har *ingen/ikke nok* rede penge med. [jai̯ har 'iŋən/'ikə nɔk 'rädə 'peŋə með] |

Fünf Tipps für Autofahrer

1. Fahrzeuge müssen rund um die Uhr das Abblendlicht eingeschaltet haben. **2.** Das Telefonieren mit dem Handy während der Fahrt ohne Frei-sprechanlage ist verboten. **3.** Die Pro-millegrenze liegt bei 0,5 %. **4.** Weiße Dreiecke auf der Fahrbahn („Haifisch-zähne", hajtænder ['hai̯tenər]) bedeuten „Vorfahrt achten!". Die Fahrzeuge auf der Spur ohne diese haben Vorfahrt. **5.** Es gibt keine Autobahn- oder Mautgebühren, außer an den Brücken über den Großen Belt und den Öresund.

Unterwegs mit Bus, U-Bahn und Zug

Undervejs med bus, metro og tog

D42	Ich möchte nach ... fahren.	Jeg vil gerne tage til ... [jai̯ 'wil 'gernə ta til]
D43	Welcher Zug fährt nach ...?	Hvilket tog kører til ... ? ['wilkət tou̯ 'körər til]
D44	Fährt dieser Bus nach ...?	Kører denne bus til ... ? ['körər 'denə bus til]
D45	An welcher Halte-stelle muss ich aus-steigen?	Ved hvilket stoppested skal jeg stå af? [weð 'wilkət 'stɔpəsteð skal jai̯ stou̯ ä]

D46	Können Sie mir Bescheid sagen, wenn ich aussteigen muss?	Kunne du give mig besked, når jeg skal stå af? ['kunə du 'gi mai̯ bə'skeð nou̯r jai̯ skal stou̯ ä]
D47	Muss ich hier umsteigen?	Skal jeg skifte her? [skal jai̯ 'skiftə her]

Öffentliche Verkehrsmittel

Die U-Bahn in Kopenhagen wird metro ['metro] genannt. Sie ist das schnellste Transportmittel in Kopenhagen, insbesondere zwischen der Innenstadt und dem Flughafen. Bahn- und Busfahrten kann man überall leicht kombinieren, da die Fahrkarte für beides gilt. Auch für die sogenannten Wasserbusse (vandbusser ['wanbusər]), die durch die Kanäle Kopenhagens fahren, kann man die Fahrkarte benutzen.

D48	Wann kommt der nächste Bus nach ...?	Hvornår kommer den næste bus til ... ? [wor'nou̯r 'kɔmər dən 'nästə bus til]
D49	Wann kommt der nächste Zug?	Hvornår kommer det næste tog? [wor'nou̯r 'kɔmər dä 'nästə tou̯]
D50	Wann kommt die nächste U-Bahn?	Hvornår kommer den næste metro? [wor'nou̯r 'kɔmər dən 'nästə 'metro]
D51	Eine einfache Fahrt nach ..., bitte.	En enkeltbillet til ..., tak. [eːn 'enkeltbilet til ... tak]
D52	Hin- und zurück nach ...	En returbillet til ... [eːn re'turbilet til]
D53	Eine Tageskarte, bitte.	En endagsbillet, tak. [eːn 'eːndäsbilet tak]
D54	Gilt diese Karte auch für ...?	Gælder denne billet også til ... ? ['gelər denə bi'let 'ɔsə til]
	Wo ist ⍰?	Hvor er ⍰? [wor er]
D55	☑ die nächste U-Bahnhaltestelle	☑ det næste metrostoppested [dä 'nästə 'metrostɔpəsteð]
D56	☑ die nächste Bushaltestelle	☑ det næste busstoppested [dä 'nästə 'busstɔpəsteð]
D57	☑ der Busbahnhof	☑ busstationen ['busstasionən]
	(für Reisebusse)	☑ rutebilstationen ['rutəbiːlstasionən]
D58	☑ der Bahnhof	☑ banegården ['bänegou̯rən]
D59	Von welchem Gleis geht der Zug nach ...?	Fra hvilket spor går toget til ... ? [fra 'wilkət spor gou̯r 'tou̯ət til]

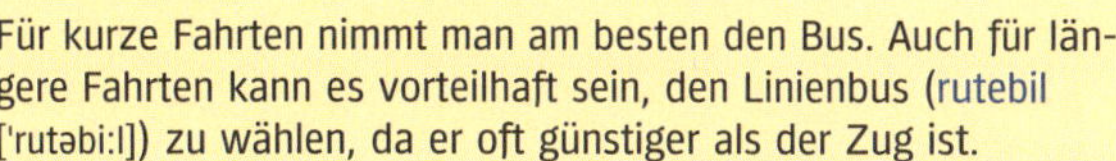

Für kurze Fahrten nimmt man am besten den Bus. Auch für längere Fahrten kann es vorteilhaft sein, den Linienbus (rutebil ['rutəbiːl]) zu wählen, da er oft günstiger als der Zug ist.

Rund ums Gepäck
Alt om bagagen

Har du bagage (til indlevering)? [har du ba'gäschə (til 'indləveriŋ)]	Haben Sie Gepäck (zum Einchecken)?
Din bagage vejer for meget. [diːn ba'gäschə wai̯ər for mai̯ət]	Ihr Gepäck hat Übergewicht.

E01	Ich möchte mein Gepäck aufgeben.	Jeg vil gerne indlevere min bagage. [jai̯ wil 'gernə 'inləverə miːn ba'gäschə]
E02	Ich habe nur Handgepäck.	Jeg har kun håndbagage. [jai̯ har kun 'hɔnbagäschə]
E03	Wo kann ich meinen Koffer abholen?	Hvor kan jeg afhente min kuffert? [wor kan jai̯ 'au̯hentə miːn 'kɔfert]
E04	Sperrgepäck	særlig bagage ['särli ba'gäschə]
	Mein Gepäck ☐.	Min bagage☐. [miːn ba'gäschə]
E05	☑ ist nicht angekommen	☑ er ikke ankommet [er 'ikə 'ankɔmət]
E06	☑ ist beschädigt	☑ er beskadiget [er bə'skäðiət]
E07	Mein Gepäck ist nicht vollständig.	Noget af min bagage mangler. ['nou̯ət a miːn ba'gäschə 'maŋlər]
E08	Wo gibt es hier Schließfächer?	Hvor er der bokse? [wor er der bɔksə]

Am Flughafen
Ved lufthavnen

E09	Wie komme ich zu Terminal *eins/zwei*?	Hvordan kommer jeg til terminal *et/to*? [wor'dan 'kɔmər jai̯ til 'terminäl et/toː]
	Wo finde ich ☐?	Hvor finder jeg ☐? [wor 'finər jai̯]

E10	☑ einen Informations-stand der Luft-hansa®	☑ en Lufthansa® informationsdisk [eːn 'lufthansa informasi'onsdisk]
E11	☑ einen SAS®-Schal-ter	☑ en SAS® skranke [eːn es a es 'skrankə]
E12	Wann geht der nächste Flug nach ...?	Hvornår går det næste fly til ...? [wor'noʊr goʊr dä 'nästə flü til]
E13	Den nehme ich.	Det tager jeg. [dä tar jai]
	Ich möchte ⍰.	Jeg vil gerne ⍰. [jai vil 'gernə]
E14	☑ Economy Class flie-gen	☑ flyve på Economy Class ['flüwə poʊ i'konəmi klaːs]
E15	☑ Business Class flie-gen	☑ flyve på Business Class ['flüwə poʊ 'bisnis klaːs]
E16	☑ erster Klasse flie-gen	☑ flyve på første klasse ['flüwə poʊ 'förstə klasə]
E17	☑ am Fenster sitzen	☑ sidde ved vinduet ['siðə weð 'winduət]
E18	☑ am Gang sitzen	☑ sidde ved gangen ['siðə weð 'gaŋən]
E19	☑ meinen Flug umbu-chen	☑ ombooke mit fly ['ombukə mit flü]
E20	☑ meinen Flug stor-nieren	☑ afbestille mit fly ['aubəstilə mit flü]
E21	Warum hat die Maschine Verspä-tung?	Hvorfor er maskinen forsinket? [wor'for er mas'kinən for'sinkət]
E22	Wie viel Verspätung hat die Maschine?	Hvor længe er den forsinket? [wor 'läŋə er dən for'sinkət]

Fly nummer ... er aflyst. [flü 'numər ... er 'aulüst]	Der Flug Nummer ... ist abgesagt.

Mit dem Schiff
Med skib

Ein beliebtes Reiseziel: Bornholm

Die dänische Insel Bornholm liegt in der Ostsee nahe der schwedischen Küste. Sie ist bei deutschen Touristen sehr beliebt und unterscheidet sich geologisch and landschaftlich von den anderen Gebieten Dänemarks. Obwohl die Insel relativ klein ist, bietet sie neben ihrem milden Meeresklima landschaftliche Vielfalt, wie z. B. Berge im Norden und Sandstrände im Süden.

E23	Wann läuft *das Schiff/die Fähre* aus?	Hvornår går *skibet/færgen*? [wor'nour gour 'skiːbət/'färjən]
	Wo finde ich ☐?	Hvor finder jeg ☐? [wor 'finər jai]
E24	☑ die Kabine Nr. ...	☑ kabine nr. ... [ka'biːnə 'numər]
E25	☑ das Bordrestaurant	☑ restauranten om bord [restou'rangən ɔm bor]
E26	Mir ist übel.	Jeg føler mig utilpas. [jai 'føːlər mai 'utilpas]

E27	Ich muss mich überge-ben.	Jeg skal kaste op. [ja̯i skal 'kastə ɔp]
E28	Ich brauche einen Brechbeutel.	Jeg har brug for en opkastningspose. [ja̯i har bru for eːn 'ɔpkastniŋspoːsə]

Mysteriöses Grönland

Grönland (Grønland ['grønlan]) liegt im nördlichen Polarkreis. Es ist die größte Insel der Welt, hat aber nur rund 60.000 Einwohner. Die Ureinwohner gehören dem Volksstamm der Inuit an. Die Verbindungen mit Dänemark reichen bis in die Wikinger-Zeit zurück. Grönland gehört immer noch formell zum Königreich Dänemark, ist aber jetzt innenpolitisch unabhängig. Als Währung gilt noch die dänische Krone. Grönland ist touristisch wenig erschlossen und bietet gerade deswegen einiges für den Abenteuerreisenden. Die Einreisebestimmungen sind die gleichen wie für Dänemark.

Grönland

Ein Fahrzeug mieten
Leje et køretøj

	Ich möchte ⬚ mieten.	Jeg vil leje ⬚. [jai wil 'laiə]
E29	☑ ein Auto	☑ en bil [eːn biːl]
E30	☑ einen Automatik-wagen	☑ en automatik vogn [eːn auto'mätik voun]
E31	☑ ein Auto mit Allrad-antrieb	☑ en bil med træk på alle hjul [eːn biːl með trek pou 'alə juːl]
E32	☑ ein Cabrio	☑ en cabriolet [eːn 'cabriolä]
E33	☑ ein Motorrad	☑ en motorcykel [eːn 'motorsykəl]
E34	mit Klimaanlage	med klimaanlæg [með 'kliːmaanläg]
E35	mit Navigator	med navigation [með nawigasi'on]
E36	Wie viel kostet das pro Tag?	Hvor meget koster det per dag? [wor 'maiət 'kɔstər dä per däː]
E37	Wie viel kostet das pro Woche?	Hvor meget koster det per uge? [wor 'maiət 'kɔstər dä per 'uːə]
E38	Ist der Preis inklusive Versicherung?	Er forsikring medregnet i prisen? [er for'sikring 'meðrainət i 'priːsən]
E39	Ist der Preis inklusive Vollkasko?	Er kaskodækning medregnet i prisen? [er 'kaskodekning 'meðrainət i 'priːsən]
E40	Wann muss ich das Fahrzeug zurück-bringen?	Hvornår skal jeg tilbagelevere køretøjet? [wor'nour skal jai til'bäələwerə 'körətoiət]
E41	Wo sind die Fahrzeug-papiere?	Hvor er papirerne på køretøjet? [wor er pa'pirernə pou 'körətoiət]
E42	Wo ist der Mietver-trag?	Hvor er lejekontrakten? [wor er 'laiəkɔntraktən]

Ein Taxi nehmen
Tage en taxa

Taxi oder taxa

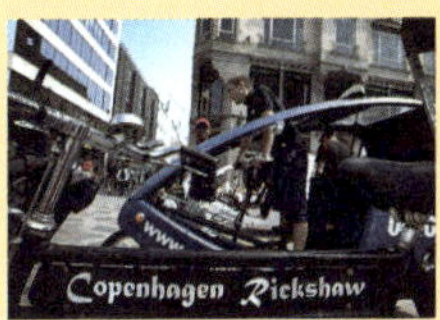

Ein Taxi heißt in Dänemark wahlweise taxi ['taksi] oder (häufiger) taxa ['taksa]. Der Kilometerfahrpreis wird laufend angezeigt und richtet sich nach der Uhrzeit. Das Trinkgeld ist inbegriffen, aber für Wartezeiten, Hilfe mit dem Gepäck oder die Mitnahme eines Fahrrads kann eine zusätzliche Gebühr verlangt werden.

E43	Bitte fahren Sie mich nach/zu ...!	Vil du godt køre mig til ... ! [wil du gɔt 'körə maɪ̯ til]
E44	Könnten Sie schneller fahren?	Kunne du køre hurtigere? ['kunə du 'körə 'hurtiərə]
E45	Könnten Sie langsamer fahren?	Kunne du køre langsommere? ['kunə du 'körə 'laŋgsɔmərə]
E46	Was kostet die Fahrt nach ...?	Hvad koster turen til ... ? [wa�› 'kɔstər 'tuːrən til]
E47	Bitte halten Sie dort!	Vil du godt holde der! [vil du gɔt hɔlə der]
E48	Ich hätte gern für morgen früh ein Taxi zum Flughafen.	Jeg vil gerne bestille en taxa til lufthavnen til i morgen tidlig. [jaɪ̯ wil 'gernə 'bəstilə eːn 'taksa til 'lufthaʊ̯nən til i 'morən 'tiðli]

Endelig der: logiet

Endlich da: die Unterkunft

Beim Ankommen
Ved ankomsten

Können Sie mir sagen, wo ⍰ ist?	Kan du sige mig, hvor ⍰ er? [kan du si maɪ wor … er]
F01 ☑ die Rezeption	☑ receptionen [resepsi'onən]
F02 ☑ mein Zimmer	☑ mit værelse [mit 'wärəlsə]
F03 ☑ unser Zeltplatz	☑ vores teltplads ['worəs 'teltplas]
F04 Wir haben reserviert.	Vi har reserveret. [wi har reser'werət]
F05 Die Zimmerschlüssel, bitte.	Nøglen til værelset, tak. ['nɔɪlən til 'wärəlsət tak]

Sich nach dem Wichtigsten erkundigen
Forhøre sig om det vigtigste

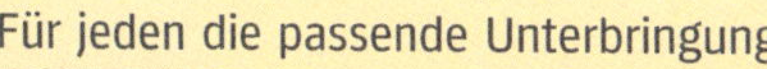

Für jeden die passende Unterbringung

Eine der beliebtesten Übernachtungsmöglichkeiten ist das Ferienhaus, feriehus ['feriəhus]. Man kann es über das Internet (z. B. bei www.visitdenmark.com) buchen. Ein Aufenthalt auf dem Bauernhof (bondegård ['bɔnəgoʊr]) ist auch sehr beliebt, insbesondere bei Familien mit kleinen Kindern. Schauen Sie bei www.bondegaardsferie.dk nach. Günstig ist privatovernatning [pri'wätɔuərnatning] oder Bed and Breakfast – die Übernachtung in einem Privatzimmer mit Frühstück. Hilfe bei der Auswahl findet man auch vorort im Fremdenverkehrsbüro (turistbureau [tu'ristbüro]).

Wo gibt es hier ⍰?	Hvor findes der ⍰? [wor 'finəs der]
F06 ☑ ein einfaches Hotel	☑ et beskedent hotel [et bə'skeðənt ho'tel]

F07	☑ ein gutes Hotel	☑ et godt hotel [et gɔt hoˈtel]
F08	☑ eine Pension	☑ et pensionat [et paŋsioˈnät]
F09	☑ eine Jugendherberge	☑ et vandrehjem [et ˈwandrəjem]
F10	☑ einen Campingplatz	☑ en campingplads [eːn ˈkampiŋplas]
	Wo ist ⍰?	Hvor er ⍰? [wor er]
F11	☑ die Bar	☑ baren [ˈbarən]
F12	☑ der Speisesaal	☑ spisesalen [ˈspiːsəsälən]
	Gibt es ⍰?	Er der ⍰? [er der]
F13	☑ ein Telefon	☑ en telefon [eːn teleˈfon]
F14	☑ einen Fernseher	☑ et fjernsyn [et ˈfjernsün]
F15	☑ einen Zugang zum Internet	☑ en adgang til internettet [eːn ˈaðgaŋ til ˈintərnetət]
F16	☑ eine Waschmaschine	☑ en vaskemaskine [eːn ˈwaskəmaskiːnə]
F17	☑ einen Trockner	☑ en tørretumbler [eːn ˈtörətamblər]

Um etwas bitten
Bede om noget

	Ich möchte ⍰.	Jeg vil gerne have ⍰. [jai wil ˈgernə ha]
F18	☑ ein anderes Zimmer	☑ et andet værelse [et ˈanət ˈwärəlsə]
F19	☑ ein ruhiges Zimmer	☑ et roligt værelse [et ˈrolit ˈwärəlsə]
F20	☑ ein Nichtraucherzimmer	☑ et ikkeryger værelse [et ˈikərüər ˈwärəlsə]
F21	☑ eine zusätzliche Decke	☑ et ekstra tæppe [et ˈekstra ˈtepə]
F22	☑ noch ein Kissen	☑ en pude mere [eːn ˈpuðə mer]
F23	☑ sauberes Bettzeug	☑ rent sengetøj [reːnt ˈseŋgətoi]

Sich beschweren
Beklage sig

F24	Das Zimmer riecht unangenehm.	Værelset lugter ubehageligt. ['wärəlsət 'lugtər ubə'hä:əlit]
F25	Das Licht geht nicht.	Lyset virker ikke. ['lüsət 'wirkər 'ikə]
F26	Die Dusche funktioniert nicht.	Bruseren virker ikke. ['brusərən 'wirkər 'ikə]
F27	Die Toilette ist verstopft.	Toilettet er forstoppet. ['tọiletət er for'stɔpət]
F28	Der Abfluss ist verstopft.	Afløbet er forstoppet. ['ạulöbət er for'stɔpət]
F29	Das Bettzeug ist schmutzig.	Sengetøjet er snavset. ['seŋgətọiət er 'snạusət]
F30	Es gibt kein warmes Wasser.	Der er ikke noget varmt vand. [der er 'ikə 'nọuət warmt wan]
F31	Das Schloss ist kaputt.	Låsen er i stykker. ['lọusən er i 'stükər]
F32	Es ist zu laut.	Det er for højlydt. [dä er for 'hɔilüt]
F33	Ich möchte ein anderes Zimmer.	Jeg ville gerne have et andet værelse. [jai 'wilə 'gernə ha et 'anət 'wärəlsə]

Rejse med børn

Mit Kindern reisen

Ganz allgemein
Helt almindeligt

Rejser du med børn? ['raisər du með börn]	Reisen Sie mit Kindern?

G01	Ja, wir sind mit *einem Kind/Kindern* unterwegs.	Ja, vi er på vej med *et barn/børn*. [ja wi er pou wai með et barn/börn]
	Hvor *gammelt/gamle* er *dit barn/dine børn*? [wor 'gaməlt/'gamlə er dit barn/'di:nə börn]	Wie alt *ist Ihr Kind/ sind Ihre Kinder*?
G02	*Er/Sie* ist ... Jahre alt.	*Han/Hun* er ... år gammel. [han/hun er ... our 'gaməl]
G03	Ist das für Kinder geeignet?	Er det egnet for børn? [er dä 'ainət for börn]
G04	Gibt es eine Kinderermäßigung?	Er der en børnerabat? [er der e:n 'börnərabat]

Sicherheit
Sikkerhed

G05	Ist das auch ungefährlich für Kinder?	Er det også ufarligt for børn? [er dä 'ɔsə 'ufarlit for börn]
	Wir brauchen ☐.	Vi har brug for ☐. [wi har bru for]
G06	☑ einen Kindersitz für das Auto	☑ et børnesæde til bilen [et 'börnəsäðə til 'bi:lən]
G07	☑ einen Kindersitz für das Fahrrad	☑ et børnesæde til cyklen [et 'börnəsäðə til 'süklən]
G08	☑ einen Gurt, um das Kind anzuschnallen	☑ en sikkerhedssele til børn [e:n 'sikərheðsse:lə til börn]

Unterhaltung
Underholdning

	Gibt es hier ⬚?	Er der ⬚ her? [er der ... her]
G09	☑ einen Spielplatz	☑ en legeplads [eːn ˈlaiəplas]
G10	☑ ein Planschbecken	☑ et soppebassin [et ˈsɔpəbaseŋ]
G11	☑ ein Spielwarengeschäft	☑ en legetøjsforretning [eːn ˈlaiətɔisforretniŋ]
G12	☑ einen Freizeitpark	☑ en fritidspark [eːn ˈfritiðspark]
G13	Gibt es ein Programm mit Kinderunterhaltung?	Er der et underholdningsprogram for børn? [er der et ˈunərhɔlniŋsprogram for börn]
G14	Wir brauchen einen Babysitter.	Vi har brug for en babysitter. [wi har bru for eːn ˈbäbisitər]

Beim Essen
Ved måltidet

	Haben Sie ⬚?	Har du ⬚? [har du]
G15	☑ einen Hochstuhl	☑ en høj barnestol [eːn hoi ˈbarnəstoːl]
G16	☑ ein Lätzchen	☑ en hagesmæk [eːn ˈhäːəsmek]
G17	☑ einen Stillraum	☑ en ammestue [eːn ˈaməstuːə]
G18	☑ eine Wickelmöglichkeit	☑ et puslebord [et ˈpusləbor]
G19	☑ ein Kindermenü	☑ en børnemenu [eːn ˈbörnəmenü]
G20	Bieten Sie auch Kinderportionen an?	Tilbyder du også børneportioner? [ˈtilbüðər du ˈɔsə ˈbörnəporsionər]
G21	Könnten Sie das Fläschchen aufwärmen?	Vil du godt varme flasken? [wil du gɔt ˈwarmə ˈflaskən]

G22 Könnten Sie das Gläs-chen aufwärmen? | Vil du godt varme glasset? [wil du got 'warmə 'glasət]

Særlige behov
Besondere Bedürfnisse

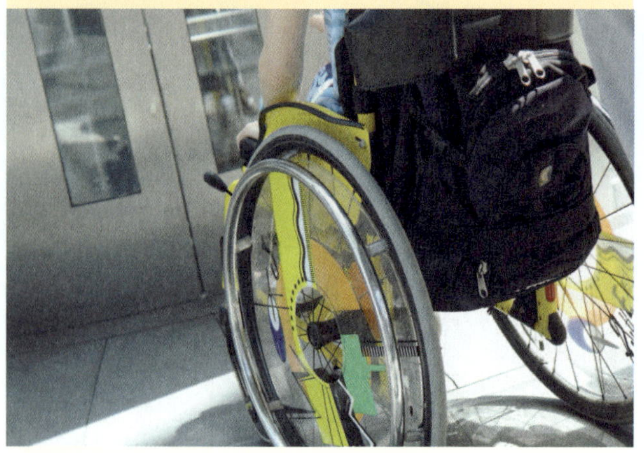

Nützliches für behinderte Reisende

Gavnlige udtryk for rejsende med handicap

	Ich bin ⍰.	Jeg er ⍰. [jai er]
H01	☑ behindert	☑ handicappet ['handikapət]
H02	☑ sehbehindert	☑ svagsynet ['swä:sünət]
H03	☑ blind	☑ blind [blin]
H04	☑ schwerhörig	☑ tunghør ['tunghör]
H05	☑ taub	☑ døv [döw]
H06	Könnten Sie bitte etwas lauter sprechen?	Vil du godt tale lidt højere? [wil du gɔt 'täle lit 'hɔiərə]
H07	Würden Sie das für mich aufschreiben?	Ville du skrive det op for mig? ['wilə du 'skri:wə dä ɔp for mai]
	Gibt es ⍰?	Er der ⍰? [er der]
H08	☑ Parkplätze für Behinderte	☑ parkeringspladser for handicappede [par'keringsplasər for 'handikapəðə]
H09	☑ einen Rollstuhl	☑ en rullestol [e:n 'ruləsto:l]
H10	☑ eine Rollstuhlauffahrt	☑ en rullestolsopkørsel [e:n 'ruləsto:lsɔpkörsəl]
H11	☑ einen Behindertenzugang	☑ en adgang for handicappede [e:n 'aðgang for 'handikapəðə]
H12	☑ eine Behindertentoilette	☑ et toilet for handicappede [et tɔi'let for 'handikapəðə]
H13	☑ eine Umziehkabine für Behinderte	☑ et omklædningsrum for handicappede [et 'ɔmkläðningsrum for 'handikapəðə]
H14	Ich hätte gern den Schlüssel für die Behindertentoilette.	Jeg vil gerne have nøglen til toilettet for handicappede. [jai wil 'gernə ha 'nɔilən til tɔi'letət for 'handikapəðə]
	Könnten Sie ⍰?	Kunne du ⍰? ['kunə du]
H15	☑ mir helfen	☑ hjælpe mig ['jelpə mai]

H16	☑ mir über die Straße helfen	☑ hjælpe mig over gaden ['jelpə mai̯ 'ɔuər 'gaðən]
H17	☑ mir die Tür aufhalten	☑ holde døren åben for mig ['holə 'dörən 'ou̯bən for mai̯]
H18	Kann ich meinen Blindenhund mitnehmen?	Kan jeg tage min førerhund med? [kan jai̯ ta mi:n 'förərhun með]
H19	Kann ich meinen Blindenhund mit hineinnehmen?	Kan jeg tage min førerhund med ind? [kan jai̯ ta mi:n 'förərhun með in]
H20	Ist das für Behinderte geeignet?	Er det egnet for handicappede? [er dä 'ai̯nət for 'handikapəðə]
H21	Vielen Dank für Ihre Hilfe.	Mange tak for din hjælp. ['maŋgə tak for di:n jelp]
H22	Danke, aber das schaffe ich allein.	Tak, men det klarer jeg alene. [tak men dä 'klarər jai̯ a'le:nə]

Tale med hinanden
Miteinander sprechen

Bitten und danken
Bede om og takke

101	Danke (sehr).	(Mange) tak. [(maŋgə) tak]
102	Bitte sehr! *(wenn man jdm etw. anbietet)*	Værsgo! [wärs'go]
103	Gern geschehen.	Selv tak. [sel tak]
104	Nein, danke.	Nej, tak. [naı̯ tak]
105	Herzlichen Dank!	Rigtig mange tak! ['rigti 'maŋgə tak]
106	Das war sehr nett von Ihnen/dir!	Det var meget pænt af dig! [dä war 'maı̯ət päːnt a daı̯]

Begrüßung und Verabschiedung
Hilsen og afsked

107	Guten Morgen!	Godmorgen! [go'morən]
108	Guten Tag!	Goddag! [go'dä]
109	Hallo!	Hej! [haı̯]
110	Guten Abend!	Godaften! [go'aftən]
111	Auf Wiedersehen!	Farvel! [far'wel]
112	Tschüss!	Hej, hej! [haı̯ haı̯]
113	Bis später!	Vi ses senere! [wi seːs 'seːnərə]
114	Bis morgen!	Vi ses i morgen! [wi seːs i 'morən]

Sich vorstellen und von sich erzählen
Præsentere sig og fortælle om sig selv

115	Ich heiße …	Jeg hedder … [jaı̯ 'heðər]
	Ich bin ☐.	Jeg er ☐. [jaı̯ er]
116	☑ aus Deutschland	☑ fra Tyskland [fra 'tüsklan]

I17	☑ aus Österreich	☑ fra Østrig [fra ˈöstri]
I18	☑ aus der Schweiz	☑ fra Schweiz [fra swaits]
I19	☑ ... Jahre alt.	☑ ... år gammel. [our gaməl]
I20	☑ verheiratet	☑ gift [gift]
I21	☑ geschieden	☑ skilt [skilt]
I22	☑ ledig	☑ enlig [ˈeːnli]
I23	Ich mache hier Urlaub.	Jeg er på ferie her. [jai er pou ˈferiə her]
I24	Ich wohne im Hotel ...	Jeg bor på ... hotellet. [jai boːr pou ... hoˈtelət]
I25	Ich bleibe noch ... Tage.	Jeg bliver ... dage til. [jai ˈbliːwər ... ˈdäːə til]
I26	Ich bleibe noch ... Wochen.	Jeg bliver ... uger til. [jai ˈbliːwər ... ˈuːər til]
I27	Ich bin ... von Beruf.	Jeg arbejder som ... [jai ˈarbaidər som]
I28	Ich bin selbstständig.	Jeg er selvstændig. [jai er ˈselstendi]
I29	Ich bin Student/Studentin.	Jeg er studerende. [jai er stuˈderənə]
I30	Ich gehe noch zur Schule.	Jeg går stadig væk i skole. [jai gour ˈstaði wek i ˈskoːlə]
I31	Ich habe Kinder.	Jeg har børn. [jai har börn]
I32	Ich habe eine Tochter.	Jeg har en datter. [jai har eːn ˈdatər]
I33	Ich habe einen Sohn.	Jeg har en søn. [jai har eːn sön]
	Das ist ☐.	Det er ☐. [dä er]
I34	☑ mein Mann	☑ min mand [miːn man]
I35	☑ meine Frau	☑ min kone [miːn ˈkonə]
I36	☑ mein Lebensgefährte	☑ min samlever [miːn ˈsamläwər]

137	☑ meine Lebensge-fährtin	☑ min samleverske [miːn ˈsamläwərskə]
138	☑ mein Freund/meine Freundin	☑ min kæreste [miːn ˈkärəstə]
139	☑ ein Freund	☑ en ven [eːn wen]
140	☑ eine Freundin	☑ en veninde [eːn weˈninə]

Etwas über den anderen herausfinden
Finde noget ud om den anden

141	Darf ich fragen, wie Sie heißen/du heißt?	Må jeg spørge om, hvad du hedder? [mou jai ˈspörə ɔm wǎð du ˈheðər]
142	Wie geht es Ihnen/dir?	Hvordan går det med dig? [worˈdan gou̯r dä məð dai̯]
143	Danke, gut.	Tak, godt. [tak gɔt]
144	Gefällt es Ihnen/dir hier?	Hvordan synes du om det her? [worˈdan ˈsünəs du ɔm dä her]
145	Sehr gut.	Meget godt. [ˈmai̯ət gɔt]
146	Geht schon.	Det går nok. [dä gou̯r nɔk]
147	Wie alt sind Sie/bist du?	Hvor gammel er du? [wor ˈgaməl er du]
148	Woher kommen Sie/kommst du?	Hvor kommer du fra? [wor ˈkɔmər du fra]
149	Sind Sie/Bist du ver-heiratet?	Er du gift? [er du gift]
150	Was machen Sie/machst du beruflich?	Hvad laver du? [wǎð ˈläwər du]
151	Machen Sie/Machst du Urlaub hier?	Er du på ferie her? [er du pou̯ ˈferiə her]
152	Wie lange bleiben Sie/bleibst du noch?	Hvor længe bliver du endnu? [wor ˈlängə ˈbliːwər du ˈenu]

I53	Wo wohnen Sie/wohnst du?	Hvor bor du? [wor bor du]

Sich verabreden und jemanden einladen
Træffe aftaler og indbyde nogen

J01	Darf ich Sie/dich zu einem Getränk einladen?	Må jeg invitere dig på en drik? [mou jai invi'terə dai pou e:n drik]
J02	Möchten Sie/Möchtest du etwas trinken?	Vil du gerne have noget at drikke? [wil du 'gernə ha 'nouət at 'drikə]
J03	Sollen wir etwas essen gehen?	Skal vi gå hen og spise noget? [skal wi gou hen o 'spi:sə 'nouət]
J04	Hätten Sie Lust/Hättest du Lust, heute Abend auszugehen?	Har du lyst til at gå ud i aften? [har du lüst til at gou uð i 'aftən]
J05	Wir treffen uns um ... Uhr.	Vi mødes klokken ... [wi 'mö:ðəs 'klɔkən]
J06	Wir treffen uns in einer Stunde.	Vi mødes om en time. [wi 'mö:ðəs ɔm e:n 'ti:mə]
	Wir treffen uns ▢.	Vi mødes ▢. [wi 'mö:ðəs]
J07	☑ hier	☑ her [her]
J08	☑ im Hotel	☑ på hotellet [pou ho'telət]
J09	☑ an der Bar	☑ ved baren [weð 'barən]
J10	☑ am Eingang	☑ ved indgangen [weð 'ingangən]
J11	Ich begleite Sie/dich noch nach Hause.	Jeg følger dig dog hjem. [jai 'följər dai do jem]
J12	Kann ich Sie/dich irgendwo hinfahren?	Kan jeg køre dig et eller andet sted hen? [kan jai 'körə dai et 'elər 'anət steð hen]
J13	Kann ich Sie/dich irgendwo absetzen?	Kan jeg sætte dig af et eller andet sted? [kan jai 'setə dai ä et 'elər 'anət steð]

J14	Ich hole Sie/dich ab.	Jeg afhenter dig. [jai 'auhentər dai]
J15	Nein danke. Das ist nicht notwendig.	Nej tak. Det er ikke nødvendigt. [nai tak dä er 'ikə nöð'wendit]
J16	Ja bitte. Das ist sehr nett von Ihnen/dir.	Ja tak. Det er meget pænt af dig. [ja tak dä er 'maiət pä:nt a dai]
J17	Danke für die Einladung.	Tak for indbydelsen. [tak for 'inbüðəlsən]
J18	Kann ich Sie/dich wiedersehen?	Kan jeg se dig igen? [kan jai se: dai i'gen]
J19	Ja, sehr gern.	Ja, meget gerne. [ja 'maiət 'gernə]
J20	Vielleicht.	Måske. [mou'ske:]
J21	Ich habe leider keine Zeit.	Jeg har desværre ikke tid. [jai har des'wärə 'ikə tið]
J22	Lieber nicht.	Helst ikke. [helst 'ikə]
J23	Nein danke!	Nej tak! [nai tak]

Komplimente und wie man darauf reagiert
Komplimenter, og hvordan man reagerer på dem

J24	Sie sehen/Du siehst toll aus!	Du ser godt ud! [du se:r gɔt uð]
J25	Sie haben/Du hast ein nettes Lächeln.	Du har et sødt smil. [du har et söt smi:l]
J26	Sie haben/Du hast wunderschöne Augen.	Du har vidunderlige øjne. [du har 'wiðunerliə 'ɔinə]
J27	Sie sind/Du bist wunderschön.	Du er overordentlig smuk. [du er 'owerordentli smuk]
J28	Danke für das Kompliment.	Tak for komplimentet. [tak for kɔmpli'maŋgət]
J29	Das war ein sehr schöner Abend.	Det var en meget dejlig aften. [dä war e:n 'maiət 'daili 'aftən]

J30	Mit Ihnen/dir kann man sich gut unterhalten.	Med dig kan man godt underholde sig. [með daị kan man gɔt 'unərhɔlə saị]
J31	Sie gefallen/Du gefällst mir sehr.	Jeg synes meget godt om dig. [jaị 'sünəs 'maịət gɔt ɔm daị]
J32	Übertreiben Sie/Übertreib nicht!	Overdriv ikke! ['ɔụərdriụ 'ikə]
J33	Hör bloß auf!	Hold dog op! [hɔl do ɔp]
J34	Ich bin leider schon vergeben.	Jeg er desværre allerede optaget. [jaị er des'wärə 'alərəðə 'ɔptạ̈ət]
J35	Tut mir leid, du bist nicht mein Typ!	Det gør mig ondt, du er ikke min type! [dä gör maị unt du er 'ikə miːn 'tüpə]

Zustimmen und ablehnen
Enighed og afslag

J36	Das ist in Ordnung.	Det er i orden. [dä er i 'ordən]
J37	Ja, bitte.	Ja, tak. [ja tak]
J38	Damit bin ich einverstanden.	Det er jeg indforstået med. [dä er jaị 'inforstọụət með]
J39	Das gefällt mir.	Det kan jeg lide. [dä kan jaị liː]
J40	Das möchte ich gern tun.	Det ville jeg gerne gøre. [dä 'wilə jaị 'gernə 'görə]
J41	Das ist sehr gut.	Det er meget godt. [dä er 'maịət gɔt]
J42	Das ist super!	Det er fint! [dä er fiːnt]
J43	Nein, danke!	Nej, tak! [naị tak]
J44	Das gefällt mir nicht.	Det kan jeg ikke lide. [dä kan jaị 'ikə liː]
J45	Das möchte ich nicht tun.	Det ville jeg ikke gøre. [dä 'wilə jaị 'ikə 'görə]
J46	Das sehe ich anders.	Det synes jeg ikke. [dä 'sünəs jaị 'ikə]
J47	Das ist schlecht.	Det er dårligt. [dä er 'dọụrlit]

J48	Das ist furchtbar.	Det er forfærdeligt. [dä er for'färdəlit]
J49	Das kommt gar nicht in Frage!	Det bliver der slet ikke tale om! [dä 'bli:wər der slət 'ikə 'tälə ɔm]
J50	Auf keinen Fall!	Under ingen omstændigheder! ['unər 'iŋgən 'ɔmständiheðər]

Bedauern ausdrücken und sich entschuldigen
Beklage og undskylde sig

J51	Tut mir leid.	Det gør mig ondt. [dä gör mai̯ unt]
J52	Das tut mir sehr leid.	Det gør mig meget ondt. [dä gör mai̯ 'mai̯ət unt]
J53	Ich möchte mich entschuldigen.	Jeg vil give en undskyldning. [jai̯ wil gi: e:n 'unskülniŋ]
J54	Das soll nicht mehr vorkommen.	Det sker ikke igen. [dä sker 'ikə i'gen]
J55	Da habe ich Sie/dich falsch verstanden.	Så har jeg misforstået dig. [sɔ har jai̯ 'misforstou̯ət dai̯]
J56	Das war ein Missverständnis.	Det var en misforståelse. [dä war e:n 'misforstou̯əlsə]
J57	Das war meine Schuld.	Det var min skyld. [dä war mi:n skül]
J58	Das macht doch nichts!	Det gør dog ikke noget! [dä gör do 'ikə nou̯ət]
J59	Kein Problem.	Det er ikke et problem. [dä er 'ikə et prɔ'bläm]

Alt om tiden

Rund um die Zeit

Die Uhrzeit
Klokkeslættet

K01	Wie spät ist es?	Hvad er klokken? [wað er 'klɔkən]
	Es ist ⍰.	Den er ⍰. [dən er]
K02	☑ *ein/zwei/drei* Uhr	☑ *et/to/tre* [et/to:/tre:]
K03	☑ *sechs/sieben/acht* Uhr morgens	☑ *seks/syv/otte* om morgenen [seks/süw/'ọutə ɔm 'morənən]
K04	☑ *sechs/sieben/acht* Uhr abends	☑ *seks/syv/otte* om aftenen [seks/süw/'ọutə ɔm 'aftənən]
K05	☑ *drei/vier* Uhr nach-mittags	☑ *tre/fire* om eftermiddagen [tre:/'fir ɔm 'eftermidäən]
K06	☑ *achtzehn/ neunzehn/zwanzig* Uhr	☑ *atten/nitten/tyve* ['atən/'nitən/'tü:wə]
K07	☑ halb zehn	☑ halv ti [hal ti:]
K08	☑ Viertel vor fünf	☑ kvart i fem [kwart i fem]
K09	☑ Viertel nach vier	☑ kvart over fire [kwart 'ọuər 'fir]
K10	☑ zwei Minuten vor sechs	☑ to minutter i seks [to: mi'nutər i seks]
K11	☑ fünf nach sieben	☑ fem minutter over syv [fem mi'nutər 'ọuər süw]
K12	Es ist zu früh.	Det er for tidligt. [dä er for 'tiðlit]
K13	Es ist zu spät.	Det er for sent. [dä er for se:nt]
K14	Wann treffen wir uns?	Hvornår mødes vi? [wor'nọur 'mö:ðəs vi]
K15	Um wie viel Uhr?	Hvad tid? [wað tið]
K16	um 12 Uhr mittags	klokken tolv om dagen ['klɔkən tɔl ɔm 'dä:nə]
K17	um Mitternacht	klokken tolv om aftenen ['klɔkən tɔl ɔm 'aftənən]
K18	in einer Stunde	om en time [ɔm e:n 'ti:mə]

K19	in einer halben Stunde	om en halv time [ɔm eːn hal 'tiːmə]
K20	in einer viertel Stunde	om et kvarter [ɔm et kwar'ter]
K21	in *fünf/zehn* Minuten	om *fem/ti* minutter [ɔm fem/tiː mi'nutər]
K22	Bis später.	Vi ses senere. [wi seːs 'seːnərə]
K23	Bis dann.	Vi ses så. [wi seːs sɔ]

Die Tageszeiten
Dagstiderne

K24	am Morgen	om morgenen [ɔm 'morənən]
K25	am Vormittag	om formiddagen [ɔm 'formidäən]
K26	am Nachmittag	om eftermiddagen [ɔm 'eftərmidäən]
K27	am Abend	om aftenen [ɔm 'aftənən]
K28	in der Nacht	om natten [ɔm 'natən]
K29	heute Morgen	i morges [i 'morəs]
K30	heute Vormittag *(Vergangenheit)*	i formiddags [i 'formidäs]
K31	*(Zukunft)*	i formiddag [i 'formidä]
K32	heute Nachmittag *(Vergangenheit)*	i eftermiddags [i 'eftərmidäs]
K33	*(Zukunft)*	i eftermiddag [i 'eftərmidä]
K34	heute Mittag	i middags [i 'midäs]
K35	heute Abend	i aften [i 'aftən]
K36	heute Nacht	i nat [i nat]
K37	morgen früh	i morgen tidlig [i 'morən 'tiðli]
K38	morgen Vormittag	i morgen om formiddagen [i 'morən ɔm 'formidäən]
K39	morgen Mittag	i morgen om middagen [i 'morən ɔm 'midäən]

K40	morgen Nachmittag	i morgen om eftermiddagen [i 'morən ɔm 'eftərmidäən]
K41	morgen Abend	i morgen aften [i 'morən 'aftən]
K42	morgen Nacht	i morgen nat [i 'morən nat]
K43	morgens	om morgenen [ɔm 'morənən]
K44	vormittags	om formiddagen [ɔm 'formidäən]
K45	nachmittags	om eftermiddagen [ɔm 'eftərmidäən]
K46	abends	om aftenen [ɔm 'aftənən]
K47	nachts	om natten [ɔm 'natən]
K48	tagsüber	om dagen [ɔm 'dä:ən]
K49	vorgestern	i forgårs [i 'forgours]
K50	gestern	i går [i gour]
K51	heute	i dag [i dä]
K52	morgen	i morgen [i 'morən]
K53	übermorgen	i overmorgen [i 'ɔuərmorən]

Die Woche

Ugen

L01	in einer Woche	om en uge [ɔm e:n 'u:ə]
L02	in zwei Wochen	om to uger [ɔm to: 'u:ər]
L03	Montag	mandag ['manda]
L04	Dienstag	tirsdag ['tirsda]
L05	Mittwoch	onsdag ['ounsda]
L06	Donnerstag	torsdag ['torsda]
L07	Freitag	fredag ['freda]
L08	Samstag	lørdag ['lörda]
L09	Sonntag	søndag ['sönda]
L10	montags	om mandagen [ɔm 'mandäən]

L11	am Dienstag	om tirsdagen [ɔm 'tirsdäən]
L12	jeden Mittwoch	hver onsdag [wer 'ọunsda]
L13	bis Donnerstag	til torsdag [til 'torsda]
L14	Freitag Abend	fredag aften ['freda 'aftən]
L15	nächsten Samstag	næste lørdag ['nästə 'lörda]

Siden und i

Für *seit* gibt es zweierlei Übersetzungen. Bezieht man sich auf einen spezifischen Zeitpunkt, heißt es siden: Museet har eksisteret **siden 1985**. – *Das Museum existiert* **seit 1985**. Bezieht man sich auf eine Zeitspanne, heißt es i: Jeg har nu studeret dansk **i to år**. – *Ich studiere jetzt* **seit zwei Jahren** *Dänisch.*

L16	seit dem 1. Mai	siden første maj ['siðən 'förstə maị]
L17	seit zwei Tagen	i to dage [i to: 'däə]

Die Monate
Månederne

L18	Januar	januar ['januar]
L19	Februar	februar ['februar]
L20	März	marts [marts]
L21	April	april [a'pril]
L22	Mai	maj [maị]
L23	Juni	juni ['juni]
L24	Juli	juli ['juli]
L25	August	august [aụ'gust]
L26	September	september [sep'tembər]

L27	Oktober	oktober [ok'tobər]
L28	November	november [no'wembər]
L29	Dezember	december [dä'sembər]
L30	In welchem Monat ... ?	I hvilken måned ... ? [i 'wilkən 'mo̯unəð]
L31	im Januar	i januar [i 'januar]

Die Jahreszeiten
Årstiderne

L32	Frühling	forår n. ['foro̯ur]
L33	Sommer	sommer ['sɔmər]
L34	Herbst	efterår n. ['eftəro̯ur]
L35	Winter	vinter ['wintər]
L36	im Frühling	om foråret [ɔm 'foro̯urət]
L37	das ganze Jahr über	i hele året [i 'hälə 'o̯urət]
L38	die Jahreszeit für ...	årstiden for ... ['o̯urstiðən for]

Das Datum
Datoen

L39	Der Wievielte ist heute?	Hvad er datoen i dag? [wa ̌ð er 'dätoən i dä]
L40	Heute ist der *Erste/ Zweite/Dritte.*	I dag er det den *første/anden/tredje.* [i dä er dä dən 'förstə/'anən/'treðjə]
L41	Heute ist der vierte Januar.	I dag er det den fjerde januar. [i dä er dä dən 'fjerə 'januar]
L42	am fünften Februar	den femte februar [dən 'femtə 'februar]
L43	bis zum sechsten März	indtil den sjette marts ['intil dən 'schetə marts]
	Berlin, 7. April 2011 *(in Schriftstücken)*	Berlin, den 7. april 2011 [ber'li:n, dən 'süənə a'pril to: 'tusin 'elwə]

Feiertage
Fridage og helligdage

L44 Heute ist ein Feiertag. | I dag er en fridag. [i dä er e:n 'fridä]

Feiertage und Halbfeiertage

In Dänemark gibt es zwölf christliche, gesetzliche Feiertage. Es gibt auch einige Tage, die keine gesetzlichen Feiertage sind, aber annähernd so behandelt werden. Die Geldinstitute und die meisten Firmen sind an Feiertagen geschlossen. Supermärkte, die größeren Einzelhandelsketten und einige andere Geschäfte sind jedoch eingeschränkt geöffnet. Museen und Ausstellungen schließen über die Weihnachtsfeiertage, haben aber an anderen Feiertagen meist geöffnet und werden dann von den Einheimischen gern besucht.

nytårsdag, den første januar ['nütoursdä dən 'förstə 'januar]	Neujahrstag, 1. Januar

fastelavn ['fastəlaun]	Fastenabend (Fastnacht)

Krapfen zu fastelavn

Am Sonntag und Montag vor Aschermittwoch wird ein altertümlicher Brauch, fastelavn, praktiziert. Am Sonntag Morgen wecken die Kinder ihre Eltern mit geschmückten Zweigen und einem traditionellen Lied. Dafür werden sie mit Faschingskrapfen (boller ['bolər]) belohnt. Am Montag klopfen die Kinder mit einem Holzschläger so lange gegen ein geschmücktes Fass bis der Inhalt (ursprünglich lebende Katzen, aber jetzt eher Süßigkeiten und Obst) herausfällt.

skærtorsdag [skär'torsda]	Gründonnerstag
langfredag [lang'freda]	Karfreitag
første påskedag ['förstə 'pouskədä]	Ostersonntag
anden påskedag ['anən 'pouskədä]	Ostermontag
store bededag ['sto:r 'be:ðədä]	Großer Bettag
dronningens fødselsdag ['drɔniŋəns 'föðsəlsdä]	Geburtstag der Königin, 16. April

Die langjährige Königin, Dronning ['drɔniŋ] Margrethe II., ist beim Volk sehr beliebt, aber ihr Geburtstag wurde als offizieller Feiertag abgeschafft. Außer der Königin gehören u. a. der Prinzgemahl Henrik und der Kronprinz Frederik und dessen aus Australien stammende Frau Mary zur königlichen Familie. Der älteste dänische Königssohn wird wechselweise Frederik oder Christian getauft und mit diesem Namen als König (Konge ['koŋgə]) gekrönt. Kronprinz Frederik wird also Frederik X. Sein erster Sohn Christian wird folglich Christian XI.

Kristi himmelfart ['kristi 'himəlfart]	Christi Himmelfahrt
første pinsedag ['förstə 'pinsədä]	Pfingstsonntag
anden pinsedag ['anən 'pinsədä]	Pfingstmontag
grundlovsdag ['grunlo̲usdä]	Verfassungstag

Der Verfassungstag am 5. Juni ist kein allgemeiner Feiertag, doch die Kinder haben schulfrei. Viele Geschäfte bleiben an diesem Tag geschlossen und in manchen Unternehmen wird nicht gearbeitet. Obendrein ist der 5. Juni der dänische Vatertag.

Sankt Hans aften [sankt hans 'aftən]	Johannisabend

Das traditionelle Mittsommerfest am Johannisabend findet am Vorabend des längsten Tages im Jahr statt. Bei dieser Sonnenwendfeier werden Feuer entfacht und man isst, trinkt und singt in der freien Natur. Alle, die mitmachen wollen, werden willkommen geheißen. Also: Packen Sie den Picknickkorb und machen Sie mit!

første juledag ['förstə 'julədä]	1. Weihnachtstag
anden juledag ['anən 'julədä]	2. Weihnachtstag
nytårsaften ['nütoursaftən]	Silvester

Gastronomisk og kulinarisk

Gastronomisches und
Kulinarisches

So fängt der Tag gut an

En god start på dagen

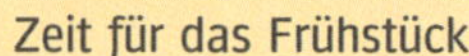

Zeit für das Frühstück

Normalerweise ist das Frühstück in Dänemark nicht sehr üppig. Es besteht aus dunklem Roggenbrot (rugbrød ['rubröð]) und hellem Weizenbrot (franskbrød ['franskbröð]) mit verschiedenen Aufstrichen. Einige der vielen Käsesorten werden auch oft angeboten. Im Hotel können die Gäste jedoch mit einem reichhaltigen Büffet rechnen.

M01	Kann man hier frühstücken?	Kan man spise morgenmad her? [kan man 'spi:sə 'morənmað her]
M02	Wann gibt es Frühstück?	Hvornår er der morgenmad? ['wornour er der 'morənmað]

Der er morgenmad fra klokken otte til klokken ni tredive. [der er 'morənmað fra 'klɔkən 'outə til 'klɔkən ni 'träðwə]	Frühstück gibt es von 8 Uhr bis 9.30 Uhr.

	Ich nehme ☐.	Jeg vil gerne have ☐. [jai wil 'gernə ha]
M03	☑ frisch gepressten Orangensaft	☑ frisk presset appelsinsaft [frisk 'presət apəl'si:nsaft]
M04	☑ Grapefruitsaft	☑ grapefrugtsaft ['gräpfrugtsaft]
M05	☑ warme Milch	☑ varm mælk [warm mälk]
M06	☑ kalte Milch	☑ kold mælk [kol mälk]
M07	☑ (koffeinfreien) Kaffee	☑ (koffeinfri) kaffe [kɔfe'infri 'kafə]
M08	☑ Tee	☑ te [te:]
M09	☑ eine heiße Schokolade	☑ en varm chokolade [e:n warm schoko'läðə]

M10	*mit/ohne* Zucker	*med/uden* sukker [með/'uðən 'sukər]
M11	*mit/ohne* Milch	*med/uden* mælk [með/'uðən mälk]
M12	mit einem Löffel Zucker	med en teskefuld sukker [með e:n 'te:ske:ful 'sukər]
M13	mit *zwei/drei* Löffeln Zucker	med *to/tre* teskefulde sukker [með to:/tre: 'te:ske:fulə 'sukər]
	Ich hätte gern ▱.	Jeg ville gerne have ▱. [jai̯ 'wilə 'gernə ha]
M14	☑ ein weich gekochtes Ei	☑ et blødkogt æg [et 'blöðkɔgt äg]
M15	☑ ein hart gekochtes Ei	☑ et hårdkogt æg [et 'hou̯rkɔgt äg]
M16	☑ ein Spiegelei	☑ et spejlæg [et 'spai̯läg]
M17	☑ ein pochiertes Ei	☑ et pocheret æg [et pɔ'scherət äg]
M18	☑ Rührei mit Speck	☑ røræg med flæsk ['röräg með fläsk]
M19	☑ Honig	☑ honning ['hɔning]
M20	☑ Erdbeermarmelade	☑ jordbærmarmelade ['jorbärmarməläðə]
M21	☑ Himbeermarmelade	☑ hindbærmarmelade ['hinbärmarmeläðə]
M22	☑ Orangenmarmelade	☑ appelsinmarmelade [apəl'si:nmarmeläðə]

Marmelade (marmelade [marme'läðə]) und Konfitüre (syltetøj ['sültətoi̯]) spielen eine große Rolle beim dänischen Frühstück. Da Marmelade mit mehr Zucker und Stärke hergestellt und länger gekocht wird als Konfitüre, hat sie eine zähere Konsistenz. Es gibt unzählige Varianten von Marmeladen und Konfitüren und einige davon sind Exportschlager (z. B. Den gamle fabrik® [dən 'gamlə fa'brik]).

M23	☑ Grapefruit	☑ grapefrugt [ˈgräpfrugt]
M24	☑ Jogurt mit frischen Früchten	☑ yoghurt med frisk frugt [ˈjugurt með frisk frugt]
M25	☑ eine Schale Müsli	☑ en skålfuld mysli [eːn ˈsko̯ulful ˈmüsli]
M26	☑ Haferflocken	☑ havregryn [ˈha̯urəgrün]
M27	☑ Cornflakes	☑ cornflakes [ˈkornflä:ks]
M28	☑ ein Croissant	☑ en croissant [eːn kuaˈsaŋ]
M29	☑ ein Brötchen	☑ et rundstykke [et ˈrunstükə]
M30	Könnte ich noch etwas Brot bekommen?	Kunne jeg få noget mere brød? [ˈkunə jai̯ fo̯u ˈno̯uət mer bröð]
M31	Könnte ich noch etwas Toast bekommen?	Kunne jeg få noget mere ristet brød? [ˈkunə jai̯ fo̯u ˈno̯uət mer ˈristət bröð]

Butter ist in Dänemark oft leicht gesalzen, was nicht jedermanns Geschmack ist. Man kann aber auch ungesalzene Butter bekommen.

M32	Gibt es auch ungesalzene *Butter/Margarine*?	Er der også usaltet *smør/margarine*? [er der ˈɔsə ˈusaltət smör/margaˈriːnə]

Middag heißt nicht Mittagessen

Die Dänen nehmen in der Regel erst abends eine warme Mahlzeit ein, die aber middag [ˈmida] genannt wird. Mittags wird eine leichte, oft kalte Mahlzeit, frokost [ˈfrɔkɔst], eingenommen. Häufig besteht sie aus den smørrebrød [ˈsmörəbröð] genannten, reichlich belegten Broten.

Zum Essen ausgehen
Gå ud at spise

> In Dänemark herrscht in der Regel in allen umschlossenen, öffentlichen Räumen allgemeines Rauchverbot, also auch in Bars, Restaurants und anderen gastronomischen Betrieben.

M33	Gibt es ein gutes Restaurant in der Nähe?	Er der en god restaurant i nærheden? [er der e:n goð restoͥu'raŋ i 'närheðən]
	Können Sie mir ☐ empfehlen?	Kan du anbefale mig ☐? [kan du 'anbəfalə maͥi]
M34	☑ ein *dänisches/französisches /italienisches* Restaurant	☑ en *dansk/fransk/italiensk* restaurant [e:n dansk/fransk/itali'ensk restoͥu'raŋ]
M35	☑ eine Pizzeria	☑ et pizzeria [et pisə'ri:a]
M36	☑ eine Kneipe	☑ et værtshus [et 'wertshus]
M37	☑ eine Bar	☑ en bar [e:n bar]
M38	☑ ein Café	☑ en café [e:n ka'fe:]

Den richtigen Tisch bekommen
Få det rigtige bord

M39	Ich möchte für 19 Uhr einen Tisch reservieren.	Jeg ville gerne reservere et bord til klokken 7 om aftenen. [jaͥi 'wilə 'gernə reser'werə et bor til 'klɔkən süw ɔm 'aftənən]
M40	Einen Tisch für *eine Person/fünf Personen*, bitte!	Et bord til *en person/fem personer*, tak! [et bor til e:n per'so:n/fem per'so:nər tak]
M41	Einen Tisch am Fenster, bitte.	Et bord ved vinduet, tak. [et bor weð 'winduət tak]

M42	Könnten wir einen anderen Tisch haben?	Kunne vi få et andet bord? ['kunə wi fou et 'anət bor]
M43	Wir nehmen diesen da.	Vi tager det der. [wi tar dä der]
M44	Brauchen Sie diesen Stuhl?	Har du brug for den her stol? [har du bru: for den her sto:l]
M45	Ist dieser Tisch noch frei?	Er det her bord ledigt endnu? [er dä her bor 'läðit 'enu]

Bestellen

Bestille

Ville du bestille nu? ['wilə du bə'stilə nu]	Möchten Sie jetzt bestellen?
Hvad ville du gerne have? [waÐ 'wilə du 'gernə ha]	Was hätten Sie gern?
Hvad kan jeg give dig? [waÐ kan jai gi: dai]	Was darf ich Ihnen bringen?

	Könnten wir/Könnte ich bitte ☐ bekommen?	Kunne *vi/jeg* få ☐, tak? ['kunə wi/jai fou … tak]
M46	☑ die Speisekarte	☑ spisekortet ['spi:səkortət]
M47	☑ die Kinderkarte	☑ børnemenuen ['börnəmenuən]
M48	☑ die Dessertkarte	☑ dessertkortet [de'serkortət]
M49	☑ die Getränkekarte	☑ drikkekortet ['drikəkortət]
M50	☑ die Weinkarte	☑ vinkortet ['wi:nkortət]
M51	Wir möchten bestellen.	Vi ville gerne bestille. [wi 'wilə 'gernə bə'stilə]

Ich hätte gern ☐.	Jeg ville gerne have ☐. [jai̯ 'wilə 'gernə ha]
Wir nehmen ☐.	Vi tager ☐. [wi tar]
M52 ☑ ein Glas …	☑ et glas … [et glas]
M53 ☑ eine Flasche …	☑ en flaske … [eːn 'flaskə]

Drikkevarer
Getränke

appelsinsaft [apəlˈsiːnsaft]	Orangensaft
cola [ˈkoːla]	Cola
danskvand med kulsyre [ˈdanskwan með ˈkulsürə]	Mineralwasser mit Kohlensäure
danskvand uden kulsyre [ˈdanskwan ˈuðən ˈkulsürə]	stilles Wasser
druesaft [ˈdruəsaft]	Traubensaft
sodavand [ˈsoːdawan]	Limonade
solbærsaft [ˈsoːlbärsaft]	Johannisbeersaft
æblesaft [ˈäːbləsaft]	Apfelsaft
tør/sød æblevin [tör/söð ˈäːbləwiːn]	*trockener/lieblicher* Apfelwein

Bier oder Wein?

In Dänemark reicht die Brautradition bis in die Wikingerzeit zurück. Damals trank man süßes, schweres Bier. Heute zieht man leichtere Sorten vor, entweder helles Bier (lyst øl [lüst öl]) oder dunkles Bier (brunt øl [brunt öl]). Deutsches Bier nach Pilsner Art wurde im 19. Jahrhundert von Jacob Christian Jacobsen in Dänemark eingeführt und nach seinem Sohn Carlsberg™ genannt. Zusammen mit der Schwestermarke Tuborg™ ist es heute das meist getrunkene Bier im Land.

øl [öl]	Bier
tør vin [tör wi:n]	trockener Wein
halvtør vin ['haltör wi:n]	halbtrockener Wein
sød vin [söð wi:n]	lieblicher Wein
hvidvin ['wiðwi:n]	Weißwein
rosé [ro'se:]	Rosé
rødvin ['röðwi:n]	Rotwein

Ein königliches Weingut

Wein wurde lange Zeit hauptsächlich von den höheren Gesellschaftsschichten getrunken. Mit dem zunehmenden Tourismus hat sich der Weingenuss inzwischen ausgebreitet und auch die einfachen Bürger sind auf den Geschmack gekommen. Dieser Trend wurde in den letzten Jahren durch den Prinzgemahl Henrik gefördert. Der Wein, der am königlichen Hof kredenzt wird, stammt übrigens von seinem französischen Weingut Château de Cayx.

tysk champagne [tüsk scham'panjə]	Sekt
champagne [scham'panjə]	Champagner
spiritus ['spiritus]	Spirituosen

Schnaps zur Vorspeise

Schnaps (akvavit [akwa'wit]) ist ein beliebtes Getränk, das man eisgekühlt zu Fischvorspeisen trinkt. Die berühmteste Marke heißt Aalborg® ['oulbor]. Aber auch in der Weihnachtszeit trinkt man gern Hochprozentiges in Form von gløgg [glög], einem starken Glühwein aus Rotwein, Schnaps und Gewürzen.

gammel dansk ['gaməl dansk]	Magenbitter aus verschiedenen Kräutern und Gewürzen
gløgg [glög]	Glühwein
kirsebærlikør ['kirsəbärlikör]	Kirschlikör
nordsøolie ['norsöoliə]	Magenbitter mit Lakritzgeschmack
snaps [snaps]	Schnaps

Zeit für das Essen
Spisetid

	Deutsch	Dänisch
N01	Gibt es noch warme Küche?	Er der stadig væk varm mad? [er der ˈstäði wek warm mað]
N02	Ich möchte nur eine Kleinigkeit essen.	Jeg vil kun have lidt at spise. [jai̯ wil kun ha lit at ˈspiːsə]
N03	Geben Sie mir noch zwei Minuten, bitte!	Giv mig et par minutter til, tak! [giː mai̯ et par miˈnutər til tak]
N04	Was empfehlen Sie?	Hvad anbefaler du? [wað ˈanbefälər du]
N05	Als Vorspeise nehme ich …	Jeg tager … til forret. [jai̯ tar … til forˈret]
N06	Als Hauptgericht nehme ich …	Jeg tager … til hovedret. [jai̯ tar … til hoːwəðˈret]
N07	Als Nachspeise nehme ich …	Jeg tager … til efterret. [jai̯ tar … til efterˈret]
	Könnte ich anstelle von A bitte B bekommen?	Kunne jeg godt få B i stedet for A? [ˈkunə jai̯ gɔt fou̯ … i ˈsteðət for …]
N08	Könnte ich noch etwas … haben?	Kunne jeg få noget mere …? [ˈkunə jai̯ fou̯ ˈnou̯ət mer]
N09	Könnte ich noch einen/eine/ein … haben?	Kunne jeg få en/et … til? [ˈkunə jai̯ fou̯ eːn/et … til]
N10	Ist das scharf?	Er det stærkt? [er dä stärkt]
N11	Ist das mild?	Er det mildt? [er dä milt]
N12	Ist das sauer?	Er det surt? [er dä surt]
N13	Ist das süß?	Er det sødt? [er dä söt]
	Würden Sie bitte ☐ bringen?	Ville du godt bringe ☐? [ˈwilə du gɔt ˈbriŋə]
N14	☑ ein Messer	☑ en kniv [eːn kniu̯]
N15	☑ eine Gabel	☑ en gaffel [eːn ˈgafəl]

N16	☑ einen Löffel	☑ en ske [eːn skeː]
N17	☑ eine Serviette	☑ en serviet [eːn serwiˈet]
N18	... zum Mitnehmen	... til at tage med [til at ta með]

Tischmanieren

Während man sich in Deutschland *Guten Appetit!* wünscht, beginnt man in Dänemark mit dem Essen erst, wenn der Gastgeber oder die Gastgeberin Værsgo! [wärsˈgo] *(Bitte schön!)* gesagt hat. Nach dem Essen dankt man ihm oder ihr mit Tak for mad! [tak for með] *(Danke fürs Essen!)*, was mit Velbekomme! [ˈwelbəkɔmə] *(Wohl bekomm's!)* beantwortet wird.

Spisekortet
Die Speisekarte

Forretterne

rejecocktail ['raiəkɔktäil]	Krabbencocktail
røjet laks ['roiət laks]	Räucherlachs
røjet ørred ['roiət 'öræð]	geräucherte Forelle
sild [si:l]	Hering
fyldte champignoner ['fültə 'schampinjɔner]	gefüllte Pilze
fyldte vinblade ['fültə 'wi:nblaðə]	gefüllte Weinblätter
melon med skinke [me'lo:n með 'skinkə]	Melone mit Schinken

Salater

agurkesalat [a'gurkəsalät]	Gurkensalat
blandet salat ['blanət sa'lät]	gemischter Salat
grøn salat [grön sa'lät]	grüner Salat
isbjergsalat ['i:sbjersalät]	Eisbergsalat
kartoffelsalat [kar'tɔfəlsalät]	Kartoffelsalat
kålsalat ['ko:lsalät]	Krautsalat
ruccolasalat ['rukɔlasalät]	Ruccolasalat, Raukensalat
tomatsalat [tɔ'mätsalät]	Tomatensalat
vårsalat ['woursalät]	Feldsalat
årstidens salat med skinke/ost/striber af kalkunkød ['ourstiðəns sa'lät með 'skinkə/oust/'stri:ber a kal'kunköð]	Salat der Saison mit Schinken/Käse/Putenfleischstreifen
vinaigrette med balsamisk eddike og olivenolie [winə'gretə með bal'sämisk 'eðkə o ɔ'li:wəno:liə]	Vinaigrette mit Balsamicoessig und Olivenöl

eddike- og oliedressing ['eðkə o 'oːliədresing]	Essig-und-Öl-Dressing
yoghurt dressing ['jugurt 'dresing]	Joghurtdressing

Supper

Suppen

aspargessuppe [a'sparəssupə]	Spargelcremesuppe
bønnesuppe ['bönəsupə]	Bohnensuppe
fiskesuppe ['fiskəsupə]	Fischsuppe
grønsagsuppe ['grönsäsupə]	Gemüsesuppe
grønærtesuppe ['grönertəsupə]	grüne Erbsensuppe
gule ærter ['gulə 'ertər]	gelbe Erbsensuppe
hønsekødsuppe ['hönsəköðsupə]	Hühnersuppe
kartoffel-porre-suppe [kar'tɔfəl 'poːre 'supə]	Kartoffel-Lauchsuppe
linsesuppe ['linsəsupə]	Linsensuppe
løgsuppe ['lɔisupə]	Zwiebelsuppe
nudelsuppe ['nuðəlsupə]	Nudelsuppe
tomatsuppe [tɔ'mätsupə]	Tomatencremesuppe
ålesuppe ['ɔuləsupə]	Aalsuppe

Lette retter

Leichte Gerichte

leverpostej ['lewərpɔstai]	Leberpastete
omelet med ost/champignoner/skinke [ɔmə'let með ɔust/'schampinjɔner/'skinkə]	Omelett mit Käse/Pilzen/Schinken
osteanretning ['ɔustəanretning]	Käseplatte
svinekødspølser ['swiːnəköðspölser]	Schweinswürstchen

Kød

Fleisch

fårekød n. ['fɔurəköð]	Hammelfleisch
lammekød n. ['laməköð]	Lammfleisch

oksekød n. ['ɔksəköð]	Rindfleisch
svinekød n. ['swi:nəköð]	Schweinefleisch
filet [fi'le:]	Filet
kotelet [kɔtə'let]	Kotelett
kølle ['kölə]	Keule
skive ['ski:wə]	Schnitzel
steg [staɪ]	Braten
hakket ['hakət]	Gehacktes
bøf ['böf]	Steak
godt gennemstegt [gɔt 'genəmstegt]	gut durchgebraten
medium ['medium]	medium, innen rosa
rødt [röt]	englisch, blutig
vildt ['wilt]	Wild
hjort [jort]	Hirsch
kanin [ka'ni:n]	Kaninchen
rådyr n. ['rɔdür]	Reh
dyreryg ['dürərük]	Rehrücken

Fjerkræ — Geflügel

and [an]	Ente
fasan [fa'sän]	Fasan
gås [gous]	Gans
høne ['hö:nə]	Huhn
kalkun [kal'kun]	Truthahn, Pute
kylling ['küliŋ]	Hähnchen
kyllingelårben n. ['küliŋəlourbe:n]	Hähnchenkeule
bryst n. [brüst]	Brust

Fisk og mad fra havet

Fisch und Meeresfrüchte

Da Dänemark vom Meer umgeben ist, gehört Fisch (fisk [fisk]) in den verschiedensten Varianten auf den Speiseplan: in Marinade oder Tomatensauce eingelegt, mit Remoulade, gebacken, geräuchert oder gesalzen, mit Kartoffeln und Petersiliensauce, auf reichlich garniertem Brot, usw.

brasen ['brasən]	Brasse
havtaske ['hautaskə]	Seeteufel
laks [laks]	Lachs
makrel [ma'krel]	Makrele

rokke ['rɔkə]	Rochen
rødspætte ['röðspetə]	Scholle
rødtunge ['röðtuŋə]	Rotzunge
sardin [sar'di:n]	Sardine
sej [saį]	Kohlfisch, Köhler
sværdfisk ['swärfisk]	Schwertfisch
søtunge ['sötuŋə]	Seezunge
torsk [torsk]	Kabeljau
tunfisk ['tunfisk]	Thunfisch
ørred ['öræð]	Forelle
blæksprutte ['bleksprutə]	Tintenfisch
kammuslinger [kam 'musliŋər]	Kammmuscheln
krabbe ['krabə]	Krebs
muslinger ['musliŋər]	Venusmuscheln
rejer ['raįər]	Krabben, Shrimps

Grøntsager og champignoner

Gemüse und Pilze

asparges [a'sparəs]	Spargel
aubergine [o:ber'schi:nə]	Aubergine
bladspinat ['blaðspinät]	Blattspinat
blomkål ['blɔmkǫul]	Blumenkohl
broccoli ['brɔkɔli]	Brokkoli
grønne bønner ['grönə 'bönər]	grüne Bohnen
hvide bønner ['wiðə 'bönər]	weiße Bohnen
pralbønner ['pralbönər]	Prunkbohnen
græskar n. ['greskar]	Kürbis
gulerødder ['guləröðər]	Karotten
hvidkål ['wiðkǫul]	Weißkohl

karotter [ka'rɔtər]	Möhren
kikærter [kik 'ertər]	Kichererbsen
løg n. [lɔi]	Zwiebel
grøn/gul/rød peber [grön/gul/röð 'pebər]	grüne/gelbe/rote Paprikaschote
porre ['po:rə]	Lauch
roe ['ro:ə]	Mairübe
rosenkål ['ro:sənko̯ul]	Rosenkohl
rødkål ['röðko̯ul]	Rotkohl
selleri ['seləri]	Staudensellerie
selleriknold ['seləriknɔl]	Sellerieknolle
zucchini [su'ki:ni]	Zucchini
ærter ['ertər]	Erbsen
nye ærter ['nüe 'ertər]	junge Erbsen
sukkerærter ['suker 'ertər]	Zuckerschoten
champignoner ['schampinjɔnər]	Champignons
kantareller [kanta'relər]	Pfifferlinge
østershatte ['östərshatə]	Austernpilze

Tilberedning   Zubereitung

Auf S. 160 der Kurzgrammatik können Sie nachsehen, wie Sie Adjektive ganz einfach und richtig an das jeweilige Nomen anpassen können.

bagt [bagt]	gebacken
blancheret [blan'scherət]	blanchiert
brunet ['bru:nət]	geröstet, im Ofen gebraten

dampet ['dampət]	gedämpft
friturekogt [fri'türəkogt]	fritiert
grillet ['grilət]	gegrillt
gryderet ['grüðəret]	Eintopf
grydestegt ['grüðəstegt]	geschmort
kogt [kɔgt]	gekocht
kødgryde ['köðgrüðə]	Fleischeintopf
lagt i lage [lagt i 'lä:jə]	gepickelt, eingelegt
marineret [mari'nerət]	mariniert
paneret [pa'nerət]	paniert
røget ['rojət]	geräuchert
saltet ['saltət]	gesalzen
soufflé [su'fle:]	Soufflé
i sovs [i souws]	in Soße
spyd n. [spüð]	Spießchen
stegt [stegt]	gebraten
tørstegt ['törstegt]	mit wenig Fett in der Pfanne gebraten

Tilbehør

Beilagen

bolle ['bɔlə]	Knödel
bagt kartoffel [bagt kar'tɔfəl]	Ofenkartoffel
kogte kartofler ['kɔgtə kar'tɔflər]	Salzkartoffeln
kartoffelmos [kar'tɔfəlmo:s]	Kartoffelbrei
nudler ['nuðlər]	Nudeln
pommes frites [pɔm frit]	Pommes frites
ris [ri:s]	Reis
naturris [na'turri:s]	Naturreis

Urter og krydderier

Kräuter und Gewürze

basilikum [ba'silikum] — Basilikum

fennikel ['fenikəl] — Fenchel

havemerian ['häwəmerian] — Majoran

hvidløg ['wiðlɔi] — Knoblauch

ingefær ['iŋgəfär] — Ingwer

kanel [ka'ne:l] — Zimt

karse ['karsə] — Kresse

kommen ['kɔmən] — Kümmel

løvstikke ['lö̜ustikə] — Liebstöckel

muskatnød [mus'kätnöð] — Muskatnuss

mynte ['müntə] — Minze

nellike ['nelikə] — Nelken

sort/grøn/hvid peber [sort/grön/wið 'pebər] — schwarzer/grüner/weißer Pfeffer

peberrod [pebər'ro:ð] — Meerrettich

persille [per'silə] — Petersilie

purløg ['purlɔi] — Schnittlauch

safran ['safran] — Safran

salt n. [salt] — Salz

salvie ['salwiə] — Salbei

sennep ['senəp] — Senf

timian ['timian] — Thymian

Efterretter

Nachspeisen

budding ['buðiŋ] — süße Mehlspeise

frugtsalat med fløde ['frugtsalät með 'flö:ðə] — Obstsalat mit Sahne

friske jordbær med fløde ['friskə 'jorbär með 'flö:ðə]	frische Erdbeeren mit Sahne
chokoladeis [schoko'läðə i:s]	Schokoladeneis
jordbæris ['jorbär i:s]	Erdbeereis
vanilleis [wa'nilə i:s]	Vanilleeis
med flødeskum [með 'flöðəskum]	mit Schlagsahne
citronsorbet [ci'tro:n sor'be:]	Zitronensorbet

Osteudvalg

Käseauswahl

danablu ['dänablu]	Danablu ist ein halbfester Blauschimmelkäse, der dem Roquefort ähnelt, aber aus Kuhmilch hergestellt wird.
esrom ['esrɔm]	Der blassgelbe Esrom ist nach dem dänischen Kloster benannt, in dem er noch heute nach altem Rezept produziert wird.

Charakteristisch für diesen Käse ist sein besonders würziger Geschmack.

havarti [ha'warti]

Havarti ist ein pikanter Kuhmilchkäse mit unregelmäßigen, kleinen Löchern.

maribo ['maribo]

Aus Maribo auf der Insel Lolland stammt die gleichnamige Käsesorte mit trockener, gelblicher Rinde, kleinen Löchern und leicht säuerlichem Geschmack.

samsø ['samsö]

Von der gleichnamigen Insel im Kattegat stammt Samsø, ein Schnittkäse aus pasteurisierter Kuhmilch mit kleinen Löchern.

Te, kaffe og kager

Tee, Kaffee und Kuchen

Der Durchschnittsdäne trinkt lieber Kaffee als Tee, besonders beim Frühstück und am Nachmittag mit Kuchen oder wienerbrød ['wi:nərbröð], einem süßen Blätterteiggebäck nach altem Wiener Rezept.

en kop … [e:n kɔp]	eine Tasse …
en kande … [e:n 'kanə]	eine Kanne …
grøn te [grön te:]	grüner Tee
kamillete [ka'miləte:]	Kamilletee
pebermyntete [peber'myntəte:]	Pfefferminztee

sort te [sort te:]	schwarzer Tee
urtete [urtəˈte:]	Kräutertee
(koffeinfri) filterkaffe [(kɔfeˈinfri) ˈfiltərkafə]	(koffeinfreier) Filterkaffee
capuccino [capuˈtschino]	Cappuccino
café latte [kafe: ˈlatə]	Latte macchiato
chokoladekage [schɔkoˈläðəkäjə]	Schokoladenkuchen
kirsebærlagkage [kirsəbärˈlaukäjə]	Schwarzwälder Kirschtorte
ostekage [ˈoustəkäjə]	Käsekuchen
æbletærte [ˈä:blətärtə]	ungedeckter Apfelkuchen

Danske specialiteter

Dänische Spezialitäten

fiskefrikadeller [ˈfiskəfrikadelər]	Fischfrikadellen aus gehacktem Kabeljau, Mehl, Kartoffelmehl, Milch und Butter, die mit Kartoffeln und Buttersauce bzw. weißer Petersiliensauce gereicht werden
kærnemælkskoldskål [ˈkernəmälkskɔlskoul]	Kaltschale aus Buttermilch, Zucker, Ei, Vanilleschoten und Zitronenschale mit gehackten Mandeln und Schlagsahne, zu der Zwieback gereicht wird
lagkage [ˈlaukäjə]	traditionell zum Geburtstag und zu anderen Familienfeiern gebackener Kuchen mit verschiedenen Schichten aus Konfitüre, Obst, Makronen, Vanillecreme und Schlagsahne

rognsrand ['rounsran] — Ring aus gekochtem Rogen, der mit Zwiebeln, Zitrone, Salz, Pfeffer und Butter verrührt wurde; kalt mit Zitronen- und Paprikascheiben garniert und mit Toastbrot und Butter serviert

rødgrød med fløde ['röðgröð með 'flöðə] — Rote Grütze mit Sahne – die Aussprache dieses bekannten dänischen Zungenbrechers hat es in sich.

smørrebrød n. ['smörəbröð] — Brote, die z. B. mit Fisch, Krabben, Rogen, Fleisch, Käse oder Schinken belegt sind; garniert werden sie mit Apfel-, Zitronen-, Zwiebel- oder Rettichscheiben, Schnittlauch, Meerrettich, Petersilie, Kresse oder Radieschen, darauf Mayonnaise, Remoulade oder Tomatenmark.

stegt makrel [stegt ma'krel] — mit Mehl, Salz und Paprika panierte, in Butter gebratene Makrele; garniert mit Dillbutter und Zitrone und serviert mit Blumenkohl und Karotten

torskerogn ['torskəroun] — Kabeljaurogen – eine beliebte Vorspeise mit Roggenbrot und Remoulade, aber auch warm als Hauptgericht gegessen mit Kartoffeln, Petersilie und heller Soße

smørrebrød

ymer ['ümər]

eine Art Sauermilch mit Milchsäurebakterien, die mit braunem Puderzucker und geriebenem Roggenbrot gegessen wird

æblekage ['ä:bləkäjə]

Dessert mit Schichten aus Apfelmus, gerösteten Semmelbröseln, Makronen, Marmelade und Schlagsahne

æbleskive ['ä:bləski:wə]

gefüllte Bällchen aus Pfannkuchenteig, ursprünglich mit Äpfeln, aber jetzt auch mit anderen Obstarten oder Marmelade, darauf Puderzucker

æbleskive

øllebrød n. ['öləbröð]

Brei aus eingeweichtem Roggenbrot, Malzbier, Zucker, Zitronenschale und Zimt, dazu Milch oder Schlagsahne

Sonderwünsche
Særlige ønsker

N19	Ich esse kein Fleisch.	Jeg spiser ikke kød. [jai 'spi:sər 'ikə köð]
N20	Ich esse kein Schwei-nefleisch.	Jeg spiser ikke svinekød. [jai 'spi:sər 'ikə 'swi:nəköð]
N21	Haben Sie auch etwas Vegetarisches?	Har du også noget vegetarisk? [har du 'ɔsə 'nouət wege'tarisk]
N22	Ich trinke keinen Alko-hol.	Jeg drikker ikke alkohol. [jai 'drikər 'ikə 'alkɔhol]
	Ich habe eine Allergie gegen ☐.	Jeg er allergisk imod ☐. [jai er a'lergisk i'moð]
N23	☑ Ei	☑ æg [eg]
N24	☑ Glutamat	☑ gluten ['glutən]
N25	☑ Kuhmilch	☑ komælk [ko'mälk]
N26	☑ Nüsse	☑ nødder ['nöðər]
N27	☑ Tomaten	☑ tomater [tɔmätər]
N28	☑ Weizen	☑ hvede [weðə]
N29	Sind da Nüsse drin?	Er der nødder i det? [er der 'nöðər i dä]
N30	Ist das koscher?	Er det koscher? [er dä 'ko:schər]
N31	Ist das halal?	Er det halal? [er dä ha'lal]
N32	für Diabetiker geeig-net	egnet til diabetikere ['ainət til dia'betikərə]
N33	Verwenden Sie Biozu-taten?	Anwender du økologiske tilsætningsstoffer? ['anwenər du öko'logiskə 'tilsätniŋgsstɔfər]

Beanstanden und loben
Klage og rose

N34	Wir warten schon län-ger.	Vi har allerede ventet længe. [wi har alə'reðə 'wentət 'längə]

N35	Das habe ich nicht bestellt.	Det har jeg ikke bestilt. [dä har jai̯ 'ikə bə'stilt]
N36	Das schmeckt mir nicht.	Det kan jeg ikke lide. [dä kan jai̯ 'ikə li:]
N37	Das möchte ich zurückgehen lassen.	Det vil jeg give tilbage. [dä wil jai̯ gi: til'bäjə]
N38	Kann ich bitte etwas anderes haben?	Kan jeg godt få noget andet? [kan jai̯ gɔt fou̯ 'nou̯ət 'anət]
	Das Essen ist ☐.	Maden er ☐. ['maðən er]
N39	☑ versalzen	☑ for saltet [for 'saltət]
N40	☑ angebrannt	☑ brændt på [bränt pou̯]
N41	☑ kalt	☑ kold [kɔl]
N42	☑ nicht richtig gar	☑ ikke rigtig færdigkogt ['ikə 'rigti 'färdikɔgt]
N43	Der Fisch ist nicht frisch.	Fisken er ikke frisk. ['fiskən er 'ikə frisk]
N44	Das Geflügel ist zu trocken.	Fjerkræet er for tørt. ['fjerkräət er for tört]
N45	Das Fleisch ist zu zäh.	Kødet er for sejt. ['köðət er for sai̯t]
N46	Es hat *gut/hervorragend* geschmeckt.	Det smagte *godt/udmærket*. [dä 'smagtə gɔt/ 'uðmärkət]
N47	Das ist sehr lecker!	Det er meget lækkert! [dä er 'mai̯ət 'lekərt]

Bezahlen

Betale

Trinkgelder sind meist schon im Preis enthalten und so besteht keine Verpflichtung, noch etwas zu zahlen. Man kann aber für einen besonders guten Service trotzdem fünf bis zehn Prozent Trinkgeld geben, wenn man möchte.

N48	Die Rechnung, bitte!	Må jeg godt bede om regningen! [mou jai gɔt 'be: ɔm 'rainingǝn]
N49	Da ist ein Fehler auf der Rechnung.	Der er en fejl på regningen. [der er e:n fail pou 'rainingǝn]
N50	Kann ich mit Kreditkarte zahlen?	Kan jeg betale med kreditkort? [kan jai bǝ'tälǝ með kre'ditkort]
N51	Ich zahle mit Karte.	Jeg betaler med kort. [jai bǝ'tälǝr með kort]
N52	Ich zahle in bar.	Jeg betaler kontant. [jai bǝ'tälǝr kɔn'tant]
N53	Kann ich bitte einen Beleg haben?	Kan jeg godt få en kvittering? [kan jai gɔt fou e:n kvi'tering]
N54	Der Rest ist für Sie.	Behold resten. [bǝ'hɔl 'restǝn]
N55	Ich bekomme noch Wechselgeld.	Byttepengene mangler. ['bütǝpengǝnǝ 'manglǝr]

Tid til at købe ind
Zeit für den Einkauf

Ganz allgemein
Helt almindeligt

001	Wann macht das Geschäft auf?	Hvornår åbner forretningen? [wor'nour 'oubnər for'retningən]
002	Wann öffnen die Geschäfte?	Hvornår åbner forretningerne? [wor'nour 'oubnər for'retningərnə]
003	Wann schließen die Geschäfte?	Hvornår lukker forretningerne? [wor'nour 'lukər for'retningərnə]
	Gibt es ⍰ in der Nähe?	Er der ⍰ i nærheden? [er der … i 'närheðən]
004	☑ eine Bäckerei	☑ et bageri [et bäjə'ri]
005	☑ einen Baumarkt	☑ et byggemarked [et 'bügəmarkəð]
006	☑ ein Geschäft mit Camping-Zubehör	☑ en forretning med campingudstyr [eːn for'retning með 'kampinguðstür]
007	☑ ein Fischgeschäft	☑ en fiskeforretning [eːn fiskəfor'retning]
008	☑ einen Friseursalon	☑ en frisørsalon [eːn fri'sörsalɔng]
009	☑ einen Flohmarkt	☑ et loppemarked [et 'lɔpəmarkəð]
010	☑ ein Juweliergeschäft	☑ en juvelér [eːn juwə'ler]
011	☑ ein Kaufhaus	☑ et stormagasin [et stormaga'siːn]
012	☑ einen Markt	☑ et marked [et 'markəð]
013	☑ eine Metzgerei	☑ en slagter [eːn 'slagtər]
014	☑ ein Obst- und Gemüsegeschäft	☑ en frugt- og grønthandler [eːn frugt o 'grönhandlər]
015	☑ ein Spielzeuggeschäft	☑ en legetøjsforretning [eːn laiətoisfor'retning]
016	☑ ein Sportgeschäft	☑ en sportsforretning [eːn sportsfor'retning]
017	☑ einen Supermarkt	☑ et supermarked [et 'supərmarkəð]
018	☑ einen Zeitungshändler	☑ en aviskiosk [eːn a'wiːskiɔsk]

Kan jeg hjælpe dig? [kan jai 'jelpə dai]	Kann ich Ihnen behilflich sein?
Søger du efter noget bestemt? ['söər du 'eftər 'nouət 'bəstemt]	Suchen Sie etwas Bestimmtes?

019	Ich suche ...	Jeg søger ... [jai 'söər]
020	Ich hätte gern ...	Jeg ville gerne have ... [jai 'wilə 'gernə ha]
021	Wo finde ich ...?	Hvor finder jeg ...? [wor 'finər jai]
022	Verkaufen Sie ...?	Sælger du ...? ['seljər du]
023	Ich nehme *diesen/ diese/dieses* hier.	Jeg tager *den/det* her. [jai tar dən/dä her]
024	*Diesen/Diese/Dieses* da.	*Den/Det* der. [dən/dä der]

Vil du have noget mere? [wil du ha nouət mer]	Haben Sie noch einen Wunsch?
Var der ellers noget andet? [war der 'elərs 'nouət 'anət]	Darf es noch etwas sein?

025	Nein danke, das wäre alles.	Nej tak, det var det hele. [nai tak dä war dä 'he:lə]
026	Könnte ich eine Tüte bekommen?	Kunne jeg få en pose? ['kunə jai fou e:n 'po:sə]
027	Könnten Sie das als Geschenk einpacken?	Kunne du pakke det ind som en gave? ['kunə du 'pakə dä in sɔm e:n 'gäwə]

Lebensmittel
Levnedsmidler

Milchprodukte	mælkeprodukter [mälkəprɔ'duktər]
Vollmilch	sødmælk ['söðmälk]
fettarme Milch	letmælk ['letmälk]
Magermilch	skummetmælk ['skumətmälk]
Joghurt	yoghurt ['jugurt]
Quark	kvark [kwark]
Käse	ost [o̠ust]
Schlagsahne	flødeskum n. ['flöðəskum]
Kaffeesahne	kaffefløde ['kafəflöðə]
Wurst- und Schinkenaufschnitt	afskåret pølse og skinke ['o̠usko̠urət 'pölsə o 'skinkə]
Belag	pålæg ['pɔleg]
geräucherter Schinken	røget skinke ['ro̠iət 'skinkə]
gekochter Schinken	kogt skinke [kɔgt 'skinkə]
Salami	spegepølse ['spa̠iəpölsə]
Schinkenwurst	skinkepølse ['skinkəpölsə]
Leberwurst	leverpølse ['lewərpölsə]
rote Würstchen	røde pølser ['röðə 'pölsər]

Die traditionellen roten Würstchen werden røde pølser ['röðə 'pölsər] oder bayerske pølser ['ba̠ierskə 'pölsər] (bayerische Würstchen) genannt. Sie werden an jeder Ecke in Imbissbuden (pølsevogn ['pölsəwo̠un]) gekocht oder gebraten verkauft.

Brot	brød n. [bröð]
Vollkornbrot	fuldkornsbrød n. ['fulkornsbröð]
Weizenbrot	franskbrød n. ['franskbröð]
Knäckebrot	knækbrød n. ['knekbröð]
Sauerbrot	surbrød n. ['surbröð]
Roggenbrot	rugbrød n. ['rubröð]

Das kräftige rugbrød ['rubröð] ähnelt dem Pumpernickel, ist aber nicht so dunkel und hat einen milderen Geschmack. Das vollwertige Brot dient oft als Unterlage für die traditionellen Schnittchen (smørrebrød ['smörəbröð]).

Kuchen	kage ['käjə]
Sahnekuchen	flødekage ['flöðəkäjə]
Rührteig	røredej ['rörədai]
Blätterteig	butterdej ['budərdai]
Kuchen aus Rührteig	kage af røredejg ['käjə a 'rörədai]
Kleingebäck	småkager ['smɔkäjər]
Berliner/Krapfen	tysk æbleskive [tüsk 'äbləski:wə]
Keks	kiks [kiks]
Blätterteigteilchen	butterdejsmåkager ['budərdai 'smɔkäjər]

kransekage ['kransəkäjə]	Makronenkuchen
wienerbrød n. ['wi:nərbröð]	Plundergebäck aus Blätterteig

krydderboller ['krüðərbɔlər]

weiche Brötchen aus Weizenmehl, die bei Kaffeekränzchen und Kindergeburtstagsfesten nicht fehlen dürfen

krydder ['krüðər]

feiner Zwieback, der mit Butter und Aufstrich zum Frühstück verspeist wird

Obst	frugt [frugt]
Ananas	ananas ['ananas]
Apfel	æble n. ['ä:blə]
Apfelsine	appelsin [apəl'si:n]
Banane	banan [ba'nän]
Birne	pære ['pärə]
Brombeeren	brombær ['brɔmbär]

Erdbeeren	jordbær ['jorbär]
Heidelbeeren	blåbær ['blɔbär]
Himbeeren	hindbær ['hinbär]
Kirschen	kirsebær ['kirsəbär]
Kiwi	kiwi ['kiwi]
Mango	mango ['maŋgo]
Melone	melon [me'loːn]
Nektarine	nektarin [nekta'riːn]
Pampelmuse	grapefrugt ['gräpfrugt]
Pfirsich	fersken ['ferskən]
Pflaume	blomme ['blɔmə]
Preiselbeeren	tyttebær ['tütəbär]
Trauben	druer ['druər]

Eine umfassende Auflistung von Gemüsen, Kräutern, Käse-, Fisch- und Fleischsorten sowie Getränken finden Sie im Kapitel *Gastronomisches und Kulinarisches*.

Fertiggerichte	færdigretter [ferdi'retər]
Gefrierkost	frysekost ['früsəkɔst]

Wo im Supermarkt ...?

Hvor i supermarkedet … ?

028 Wo finde ich ...?	Hvor finder jeg ... ? [wor 'finər jaĭ]

i fryseren [i 'früsərən]	in der Kühltruhe
ved ostedisken [weð 'oŭstədiskən]	an der Käsetheke
ved køddisken [weð 'köðdiskən]	an der Fleischtheke
i den *anden/sidste* gang [i dən 'anən/'sidstə gang]	im *zweiten/letzten* Gang
helt oppe/nede på hylden [he:lt 'ɔpə/'neðə poŭ 'hülən]	*ganz oben/unten* im Regal

029 Könnten Sie mir bitte zeigen, wo?	Kunne du godt vise mig, hvor? ['kunə du gɔt 'wi:sə maĭ wor]

Wie viel darf es sein?

Hvor meget skal det være?

Ich hätte gern ☐.	Jeg ville gerne have ☐. [jaĭ 'wilə 'gernə ha]
030 ☑ ein Kilo ...	☑ et kilo ... [et 'kilo]
031 ☑ ein Pfund ...	☑ et pund ... [et pun]
032 ☑ hundert Gramm ...	☑ hundrede gram ... ['hunrəð gram]
033 ☑ fünf Scheiben ...	☑ fem skiver ... [fem 'ski:wər]
034 ☑ ein *kleines/großes* Stück ...	☑ et *lille/stort* stykke ... [et 'lilə/stort 'stükə]
035 Noch etwas mehr, bitte.	Noget mere, tak. [noŭət mer tak]
036 Das reicht.	Det er nok. [dä er nɔk]

In der Drogerie und der Apotheke
I håndkøbsudsalget og apoteket

Wie in Deutschland unterscheidet man in Dänemark zwischen einer Apotheke (apotek), wo auf Rezept verschriebene Medikamente ausgegeben und sogar selbst zusammengemischt werden, und einer Drogerie (håndkøbsudsalg), wo unter anderem Kosmetik und Körperpflegeproduke verkauft werden.

apotek [apoˈteːk]	Apotheke
håndkøbsudsalg [ˈhɔnköbsuðsal]	Drogerie

Ich suche ⍰.	Jeg søger efter ⍰. [jai̯ ˈsöər ˈeftər]

037	☑ Zahnpflegepro-dukte	☑ tandplejeprodukter ['tanplɑijəprɔduktər]
038	☑ Haarpflegepro-dukte	☑ hårplejeprodukter ['hourplɑijeprɔduktər]
039	☑ Hautpflegepro-dukte	☑ hudplejeprodukter ['huðplɑijeprɔduktər]
	Ich bräuchte ☐.	Jeg har brug for ☐. [jɑi har bru for]
040	☑ eine *weiche/mittel-harte/harte* Zahn-bürste	☑ en *blød/medium/hård* tandbørste [e:n blöð/'me:dium/hour 'tanbörstə]
041	☑ Zahnpasta	☑ tandpasta ['tanpasta]
042	☑ Mundwasser	☑ mundvand ['munwan]
043	☑ Zahnseide	☑ tandtråd ['tantrouð]
044	☑ ein Shampoo für *fettiges/trockenes* Haar	☑ en shampoo til *fedtet/tørt* hår [e:n 'schampu til 'fetət/tört hour]
045	☑ eine Pflegespülung	☑ en conditioner [e:n kɔn'dischɔnər]
046	☑ einen Kamm	☑ en kam [e:n kam]
047	☑ eine Haarbürste	☑ en hårbørste [e:n 'hourbörstə]
048	☑ Haargummis	☑ hårbånd ['hourbɔn]
049	☑ Haarspray	☑ hårspray ['hoursprä:]
050	☑ Haargel	☑ hårgel ['hourge:l]
051	☑ eine Körperlotion	☑ en fugtighedscreme [e:n 'fugtiheðskre:m]
052	☑ eine Gesichtscreme	☑ en ansigtscreme [e:n 'ansigtskre:m]
053	☑ einen Lippenpflege-stift	☑ en læbepomade [e:n 'läbəpɔmädə]
054	☑ Rasierschaum	☑ barberskum [bar'berskum]
055	☑ Rasierwasser	☑ barbervand [bar'berwan]
056	☑ einen Einwegrasie-rer	☑ en engangsbarbering [e:n 'e:ngangsbarbering]

057	☑ eine Sonnenschutz-creme	☑ en solcreme [eːn ˈsoːlkreːm]
058	☑ Seife	☑ sæbe [ˈsäːbə]
059	☑ Duschgel	☑ brusegel [ˈbrusəgeːl]
060	☑ ein Deodorant	☑ en deodorant [eːn deodɔˈrant]
061	☑ einen Nagelknipser	☑ en negleklipper [eːn ˈnaɪləklipər]
062	☑ eine Schere	☑ en saks [eːn saks]
063	☑ Kosmetik *(zum Schminken)*	☑ sminke [ˈsminkə]
064	☑ einen Lippenstift	☑ en læbestift [eːn ˈläbəstift]
065	☑ Wimperntusche	☑ mascara [masˈkara]
066	☑ Make-up	☑ kosmetik [kɔsmeˈtik]
	Verkaufen Sie ☐?	Sælger du ☐? [ˈseljər du]
067	☑ Schmerzmittel	☑ smertestillende midler [ˈsmertəstiləndə ˈmiðlər]
068	☑ Aspirin®	☑ aspirin® [aspiˈriːn]
069	☑ Ibuprofen®	☑ ibuprofen® [ibuprɔˈfeːn]
070	☑ Paracetamol®	☑ paracetamol® [paraˈsetamol]
071	☑ Pflaster	☑ plaster [ˈplastər]
072	☑ Kondome	☑ kondomer [kɔnˈdoːmər]
073	☑ Damenbinden	☑ hygiejnebind [ˈhügiaɪnəbin]
074	☑ Tampons	☑ tamponer [tamˈpoːnər]

Beim Optiker
Hos optikeren

075	Können Sie das reparieren?	Kan du reparere det? [kan du repaˈrerə dä]
	Ich brauche ☐.	Jeg har brug for ☐. [jaɪ har bru for]

076	☑ eine Brille *(zum Lesen)*	☑ et par briller [et par 'brilər]
077	☑ eine Sonnenbrille	☑ et par solbriller [et par 'soːlbrilər]
078	☑ *weiche/harte* Kontaktlinsen	☑ *bløde/hårde* kontaktlinser ['blöðə/'hourə kɔn'taktlinsər]
079	☑ Einweglinsen	☑ engangslinser ['eːngaŋgslinsər]
080	☑ Kontaktlinsenlösung	☑ rensevæske til kontaktlinser ['rensəwäskə til kɔn'taktlinsər]
081	☑ Augentropfen	☑ øjendråber ['ɔiəndroubər]
082	Ich bin kurzsichtig.	Jeg er kortsynet. [jai er 'kortsünət]
083	Ich bin weitsichtig.	Jeg er langsynet. [jai er 'laŋsünət]
084	Ich möchte einen Sehtest machen.	Jeg vil godt have mit syn undersøgt. [jai wil gɔt ha mit sün 'unərsögt]

Kleidung und Mode
Tøj og mode

P01	Darf ich das anprobieren?	Må jeg prøve det? [mou jai 'pröwə dä]
P02	Wo sind die Umkleidekabinen?	Hvor er omklædningsrummene? [wor er 'ɔmkläðniŋgsrumənə]

Passer *den/det*? ['pasər dən/dä]	Passt *er/sie/es*?

Er/Sie/Es ist zu ☐.	*Den/Det* er for ☐. [dən/dä er for]
P03	☑ klein	☑ lille ['lilə]
P04	☑ groß	☑ stor/stort [stor/stort]
P05	☑ eng	☑ snæver/snævert ['snewər/'snewərt]
P06	☑ weit	☑ løs/løst [lös/löst]
P07	☑ kurz	☑ kort [kort]
P08	☑ lang	☑ lang/langt [laŋ/laŋt]

P09	*Er/Sie/Es* passt sehr gut.	*Den/Det* passer meget godt. [dən/dä 'pasər 'ma̯iət gɔt]
P10	Ich nehme *ihn/sie/es*.	Jeg tager *den/det*. [ja̯i tar dən/dä]
P11	Leider nicht.	Desværre ikke. [des'wärə 'ikə]
P12	Ich möchte *einen anderen/eine andere/ ein anderes* anprobieren.	Jeg ville gerne prøve *en anden/et andet*. [ja̯i 'wilə 'gernə 'pröwə eːn 'anən/et 'anət]
P13	Der Schnitt gefällt mir nicht so gut.	Snittet synes jeg ikke så godt om. ['snitət 'sünəs ja̯i 'ikə so̯u gɔt ɔm]
P14	Ich suche etwas *Elegantes/Schickes/ Modernes*.	Jeg søger noget *elegant/smart/moderne*. [ja̯i 'söər 'no̯uət ele'gant/smart/mɔ'dernə]
P15	Haben Sie das in einer anderen Farbe?	Har du det i en anden farve? [har du dä i eːn 'anən 'farwə]
P16	Haben Sie das mit einem anderen Muster?	Har du det i et andet mønster? [har du dä i et 'anət 'mönstər]
P17	Ich überlege es mir noch.	Jeg overvejer det endnu. [ja̯i 'oːərwa̯iər dä 'enu]

Hvad størrelse bruger du? [wa�› 'störəlsə 'bruər du]	Welche Größe haben Sie?

P18	Ich habe Größe ...	Jeg bruger størrelse ... [ja̯i 'bruər 'störəlsə]
P19	Haben Sie das in Größe ...?	Har du det i størrelse ... ? [har du dä i 'störəlsə]
	Ich brauche ☑.	Jeg vil gerne se på ☑. [ja̯i wil 'gernə se: po̯u]
P20	☑ einen Mantel	☑ en frakke [eːn 'frakə]
P21	☑ eine Jacke	☑ en jakke [eːn jakə]
P22	☑ eine Regenjacke	☑ en regnjakke [eːn 'ra̯injakə]
P23	☑ eine Strickjacke	☑ en strikket trøje [eːn 'strikət 'trɔ̯iə]

P24	☑ ein Kleid	☑ en kjole [eːn ˈkjoːlə]
P25	☑ eine Hose	☑ et par bukser [et par ˈbuksər]
P26	☑ eine Jeans	☑ et par jeans [et par dschiːns]
P27	☑ einen Pullover	☑ en pullover [eːn puˈlo̯uwər]
P28	☑ ein Hemd	☑ en skjorte [eːn ˈskjortə]
P29	☑ eine Bluse	☑ en bluse [eːn ˈbluːsə]
P30	☑ ein Sweatshirt	☑ en sweatshirt [eːn ˈswetschərt]
P31	☑ einen Rock	☑ en nederdel [eːn ˈneðərdeːl]
P32	☑ ein T-Shirt	☑ en T-shirt [eːn ˈtiːschərt]
P33	☑ Unterwäsche	☑ undertøj [ˈunərtɔi̯]
P34	☑ einen BH	☑ en BH [eːn beː ho̯u]
P35	☑ eine Unterhose *(für Frauen)*	☑ et par trusser [et par ˈtrusər]
P36	☑ eine Unterhose *(für Männer)*	☑ et par underbukser [et par ˈunərbuksər]

P37	☑ einen Badeanzug	☑ en badedragt	[eːn ˈbäðədragt]
P38	☑ einen Bikini	☑ en bikini	[eːn biˈkini]
P39	☑ eine Badehose	☑ et par badebukser	[et par ˈbäðəbuksər]
P40	☑ einen Bademantel	☑ en badekåbe	[eːn ˈbäðəkou̯bə]
P41	☑ einen Hut	☑ en hat	[eːn hat]
P42	☑ einen Sonnenhut	☑ en solhat	[eːn ˈsoːlhat]
P43	☑ eine Mütze	☑ en hue	[eːn ˈhuːə]
P44	☑ einen Schal	☑ et halstørklæde	[et ˈhalstörkläðə]
P45	☑ Handschuhe	☑ handsker	[ˈhanskər]
P46	☑ Socken	☑ sokker	[ˈsɔkər]
P47	☑ Kniestrümpfe	☑ knæstrømper	[ˈknäströmpər]
P48	☑ eine Strumpfhose	☑ et par strømpebukser	[et par ˈströmpəbuksər]
P49	☑ Stiefel	☑ støvler	[ˈstou̯lər]
P50	☑ Sportschuhe	☑ sportssko	[ˈsportssko]
P51	☑ Wanderschuhe	☑ vandresko	[ˈwandrəsko]
P52	☑ Sandalen	☑ sandaler	[sanˈdälər]
P53	☑ Ballerinas	☑ ballerinas	[baləˈrinas]
P54	☑ Pumps (hochhackig)	☑ højhælede sko	[ˈhɔi̯hälədə sko]
P55	☑ Hausschuhe	☑ hjemmesko	[ˈjeməsko]
P56	Aus welchem Material ist das?	Hvad er det lavet af?	[wa̍ð er dä ˈläwət ä]
	Ist das ☐?	Er det ☐?	[er dä]
P57	☑ reine Baumwolle	☑ hundrede procent bomuld	[ˈhunrəð proˈsent ˈbɔmul]
P58	☑ Wolle	☑ uld	[ul]
P59	☑ Seide	☑ silke	[ˈsilkə]
P60	☑ Kunstfaser	☑ syntetisk	[sünˈteːtisk]
P61	☑ Leinen	☑ linned/lærred	[ˈlinəð/ˈlärəð]

Zweierlei Leinen

Wenn es sich um dünnes Material wie bei Hemden oder Bettbezügen handelt, benutzt man den Begriff linned. Bei Jacken oder Ölgemälden ist der richtige Begriff lærred.

In der Reinigung
I renseriet

P62	Ich möchte das reinigen lassen.	Jeg ville gerne have det renset. [jai 'wilə 'gernə ha dä 'rensət]
P63	Bekommen Sie diese Flecken heraus?	Vil du være i stand til at fjerne pletterne? [wil du 'wärə i stan til at 'fjernə 'pletərnə]
P64	Reinigen Sie auch Leder?	Renser du også læder? ['renser du 'ɔsə 'leðər]
P65	Das ist nicht richtig sauber geworden.	Det er ikke blevet rigtig rent. [dä er 'ikə 'ble:wət 'rigti re:nt]
P66	Der Fleck ist nicht herausgegangen.	Pletten er ikke gået af. ['pletən er 'ikə 'gouət ä]

Beim Friseur
Hos frisøren

	Ich hätte gern ☐.	Jeg ville gerne have ☐. [jai 'wilə 'gernə ha]
Q01	☑ die Haare geschnitten	☑ håret klippet [hourət 'klipət]
Q02	☑ eine neue Frisur	☑ en ny frisure [e:n 'nü fri'sürə]
Q03	☑ einen Kurzhaarschnitt	☑ en kort frisure [e:n kort fri'sürə]
Q04	☑ eine Dauerwelle	☑ en permanent krølning [e:n perma'nent 'krölning]

Q05	☑ helle Strähnchen	☑ lyse striber ['lüsə 'stri:bər]
Q06	☑ dunkle Strähnchen	☑ mørke striber ['mörkə 'stri:bər]
Q07	☑ die Spitzen geschnitten	☑ håret studset ['hourət 'stusət]
Q08	☑ eine Maniküre	☑ en manicure [e:n mani'kürə]
Q09	☑ eine Pediküre	☑ en pedicure [e:n pedi'kürə]
Q10	☑ die Wimpern gefärbt	☑ øjenvipperne farvet ['ɔiənwipərnə 'farwət]
Q11	☑ die Augenbrauen gefärbt	☑ øjenbrynene farvet ['ɔiənbrünənə 'farwət]
Q12	Bitte etwas kürzer.	Noget kortere, tak. ['nouət 'kortərə tak]
Q13	Bitte nicht ganz so kurz.	Ikke helt så kort, tak. ['ikə he:lt sou kort tak]
Q14	die Ohren frei	ørene udækket ['örənə 'udäkət]
Q15	Ich habe Spliss.	Jeg har spaltet hår. [jai har 'spaltət hour]
Q16	mit Waschen und Fönen	med vaskning og føntørring [með 'waskning o 'föntöring]
Q17	Tönen	en farvetoning [e:n 'farwətoning]
Q18	Färben	en farvning [e:n 'farwning]

Im Fotogeschäft
I fotoforretningen

Q19	Ich möchte diese Aufnahmen entwickeln lassen.	Jeg ville gerne have disse billeder fremkaldt. [jai 'wilə 'gernə ha 'disə 'biləðər 'fremkalt]
Q20	in matter Qualität	i mat udførelse [i mat 'uðförəlsə]
Q21	in Hochglanzqualität	i glans udførelse [i glans 'uðförəlsə]
Q22	Könnten Sie diese Bilder ausdrucken?	Kunne du trykke disse billeder? ['kunə du 'trükə 'disə 'biləðər]
	in Größe ... mal ...	i størrelse ... gange ... [i 'störəlsə ... 'gangə]

Ich möchte ☐ kaufen.	Jeg ville gerne købe ☐. [jɑi 'wilə 'gernə 'köbə]
Q23 ☑ einen Akku	☑ en akkumulator [e:n akumu'läitor]
Q24 ☑ eine Batterie	☑ et batteri [et batə'ri]
Q25 ☑ eine Speicherkarte	☑ et hukommelseskort [et 'hukɔməlsəskort]
Q26 ☑ ein Ladegerät	☑ et ladeapparat [et 'läðəapara:t]
Q27 ☑ ein USB-Kabel	☑ et USB-kabel [et u es be: 'käbəl]
Q28 ☑ eine Digitalkamera	☑ et digitalkamera [et digi'tälkaməra]
Q29 ☑ eine Spiegelreflex-kamera	☑ et spejlreflekskamera [et 'spɑilreflekskaməra]
Q30 ☑ eine Einwegkamera (für Unterwasser-aufnahmen)	☑ et engangskamera (til undervandsoptagel-ser) [et 'e:ngangskaməra (til 'unərwansɔptäəlsər)]
Q31 ☑ ein Objektiv	☑ et objektiv [et objek'tiu]
Q32 ☑ einen Filter	☑ et filter [et 'filtər]
Q33 ☑ ein Stativ	☑ et stativ [et sta'tiu]
Q34 ☑ eine Kameratasche	☑ en kamerataske [e:n 'kamərataskə]
Q35 ☑ ein Fernglas	☑ en kikkert [e:n 'kikert]

Musik
Musik

Ich suche ☐.	Jeg søger ☐. [jɑi 'söər]
Q36 ☑ eine CD von ...	☑ en CD af ... [e:n se: de: a]
Q37 ☑ das neue Album von ...	☑ det nye album af ... [dä 'nüə 'album a]
Q38 Gibt es dieses Lied auf CD?	Findes der denne sang på CD? ['finəs der 'denə sang pou se: de:]
Q39 Kann ich mir das mal anhören?	Kan jeg høre den? [kan jɑi 'hörə dən]

Elektrische und elektronische Produkte
Elektriske og elektroniske produkter

Ich möchte ☐ kaufen.	Jeg ville gerne købe ☐. [jai 'wilə 'gernə 'köbə]
Q40 ☑ einen PC	☑ en PC [eːn peː seː]
Q41 ☑ einen Laptop	☑ en laptop [eːn 'laptɔp]
Q42 ☑ ein Notebook	☑ en notebook [eːn 'nɔutbuk]
Q43 ☑ eine Maus	☑ en mus [eːn mus]
Q44 ☑ ein Netbook	☑ en netbook [eːn 'netbuk]
Q45 ☑ einen MP3-Spieler	☑ en MP3-spiller [eːn em peː treː 'spilər]
Ich brauche ☐.	Jeg har brug for ☐. [jai har bru for]
Q46 ☑ einen Adapter	☑ en adapter [eːn a'daptər]
Q47 ☑ einen Kopfhörer (Ohrstöpsel)	☑ øreknopper ['örəknɔpər]
(mit Bügel für den Kopf)	☑ en hovedtelefon [eːn 'hoːwəðtelefoːn]
Q48 ☑ einen Fön®	☑ en hårtørrer [eːn 'hourtörər]
Q49 ☑ einen Rasierapparat	☑ en barbermaskine [eːn bar'bermaskiːnə]
Q50 ☑ ein Verlängerungskabel	☑ en forlængelsesledning [eːn for'längəlsəsleðning]
Q51 ☑ eine Tastatur	☑ et tastatur [et tasta'tur]
Q52 ☑ einen neuen Akku	☑ en ny akkumulator [eːn nü akumu'lätor]
Q53 Die passenden Batterien dafür, bitte.	Batterierne der passer til det, tak. [batə'riərnə der 'pasər til dä tak]

Etwas zum Lesen
Noget at læse

Q54 Ich suche einen Buchladen.	Jeg søger en boghandel. [jai 'söər eːn 'boːhanəl]

Verkaufen Sie ⏺ in deutscher Sprache?	Sælger du ⏺ på tysk? ['säljər du pọu tüsk]
Q55 ☑ Zeitungen	☑ aviser [a'wiːsər]
Q56 ☑ Zeitschriften	☑ magasiner [maga'siːnər]
Q57 ☑ Bücher	☑ bøger ['böər]

Etwas zum Schreiben
Noget at skrive med

Q58 Gibt es hier ein Schreibwarenge-schäft?	Er der en papirforretning her? [er der eːn pa'pirforetning her]
Ich bräuchte ⏺, bitte.	Jeg ville godt have ⏺. [jai̯ 'wilə gɔt ha]
Q59 ☑ einen Bleistift	☑ en blyant [eːn 'blüant]
Q60 ☑ einen Kugelschrei-ber	☑ en kuglepen [eːn 'kuləpen]
Q61 ☑ einen Füller	☑ en fyldepen [eːn 'füləpen]

Q62	☑ Tinte	☑ blæk	[blek]
Q63	☑ Tintenpatronen	☑ blækpatroner	[blekpaˈtroːnər]
Q64	☑ eine Ersatzmine (für Kugelschreiber)	☑ en reservepatron	[eːn reˈserwəpatroːn]
Q65	☑ einen Radiergummi	☑ et viskelæder	[et ˈwiskəläðər]
Q66	☑ einen Anspitzer	☑ en blyantspidser	[eːn ˈblüantspisər]
Q67	☑ einen linierten Block	☑ en linieret blok	[eːn liniˈerət blɔk]
Q68	☑ einen karierten Block	☑ en ternet blok	[eːn ˈternət blɔk]

Souvenirs und Geschenke
Souvenirer og gaver

Sollten Sie ein kulinarisches Souvenir suchen, bieten sich die vielen verschiedenen Sorten von Lakritz (lakrids [laˈkrits]) an. Lakritz gibt es in süßen, salzigen und sauren Geschmacksrichtungen. Auch Herzbonbons (hjertebolsjer [ˈjertəbɔlschər]) sind nicht nur für Kinder ein willkommenes Geschenk.
Eine Flasche akvavit [akwaˈwiːt] erfreut alle, die gern mal ein Gläschen trinken.

	Ich suche ein Geschenk für ⍰.	Jeg søger en gave til ⍰. [jai ˈsöər eːn ˈgäwə til]	
Q69	☑ meine Frau	☑ min kone	[miːn ˈkoːnə]
Q70	☑ meinen Mann	☑ min mand	[miːn man]
Q71	☑ Tinte Mutter	☑ min mor	[miːn mor]
Q72	☑ meinen Vater	☑ min far	[miːn far]

Q73	☑ ein Kind	☑ et barn [et barn]
Q74	☑ einen Jungen	☑ en dreng [eːn dreng]
Q75	☑ ein Mädchen	☑ en pige [eːn ˈpiːə]
Q76	Haben Sie etwas typisch Dänisches?	Har du noget typisk dansk? [har du ˈnɔuət ˈtüpisk dansk]
Q77	Ist das Handarbeit?	Er det håndarbejde? [er dä ˈhɔnarbaɪdə]
Q78	Haben Künstler aus der Region das gemacht?	Er det lavet af kunstnere fra denne egn? [er det ˈläwət a ˈkunsnərə fra ˈdenə aɪn]
Q79	Ist das echtes Silber?	Er det ægte sølv? [er dä ˈägtə sölw]
Q80	Ist das echtes Gold?	Er det ægte guld? [er dä ˈägtə gul]
Q81	Wo ist der Stempel?	Hvor er stemplet? [wor er ˈstemplət]
Q82	Gibt es ein Echtheitszertifikat dafür?	Er der et ægthedscertifikat for det? [er der et ˈägtheðssertifikät for dä]

In Dänemark gibt es seit kurzem auch Weihnachtsmärkte. Da kann man die geheimnisvollen nisser [ˈnisər] (Weihnachtkobolde) als kleine Puppen kaufen, mit denen man das Haus zu Weihnachten schmückt. Der kleine nissemand [ˈnisəman] (Weihnachtsmännchen), auch ein Überbleibsel aus vorchristlichen Zeiten, wohnt außerhalb der Weihnachtszeit auf Grönland, wo er mit seiner großen Familie Weihnachtsgeschenke für die Kinder herstellt. Bei der traditionellen dänischen Weihnachtsfeier, wie man sie noch auf Bauernhöfen begeht, wird den Kobolden ein Teller Reisbrei (risengrød [ˈrisəngröð]) auf den Dachboden gestellt. Ist er bis zum Silvester aufgegessen, beschert dies Glück für das neue Jahr.

Etwas bezahlen
Betale for noget

R01	Ich zahle in bar.	Jeg betaler kontant. [jai bə'tälər kɔn'tant]
R02	Ich zahle mit Kredit-karte.	Jeg betaler med kreditkort. [jai bə'tälər með kre'ditkort]
R03	Akzeptieren Sie diese Debitkarte?	Accepterer du dette debetkort? [aksep'terər du 'detə 'debetkort]

Die EC-Karte ist eine Debitkarte. In einigen großen dänischen Kaufhäusern können Sie damit zahlen, aber in vielen anderen Geschäften nicht. Fragen Sie lieber nach, bevor Sie eine unangenehme Überraschung erleben. Mit Bargeld oder mit Kreditkarte kann man so gut wie überall zahlen. Da Dänemark jedoch nicht an der europäischen Währungsreform teilhat, muss man bei Kartenzahlung zusätzlich mit Währungsumrechnungsprovisionen rechnen. Fragen Sie Ihre Bank, wie hoch die zu erwartenden Gebühren sind.
Oft verlangt man bei Kartenzahlung die Eingabe der Geheimnummer anstelle der Unterschrift. Noch ein Tipp: Schreiben Sie vor dem Reiseantritt die Nummer Ihrer Karte und die Telefonnummer Ihrer Bank auf, damit Sie bei Verlust sofort die Karte sperren lassen können.

Vil du godt skrive under her? [wil du gɔt 'skri:wə 'unər her]	Bitte hier unterschreiben.
Din *underskrift/PIN*, tak. [di:n 'unərskrift/pin tak]	Ihre *Unterschrift/PIN*, bitte.

R04	Ich sollte noch Wechselgeld bekommen.	Jeg skulle have nogle byttepenge tilbage. [jai 'skulə ha 'nou̯lə 'bütəpeŋgə til'bäə]
R05	Das Wechselgeld stimmt nicht.	Byttepengene stemmer ikke. ['bütəpeŋgənə 'stemər 'ikə]

R06	Es fehlt/fehlen ...	Der mangler ... [der 'maŋglər]
R07	Kann ich bitte den Kassenbon haben?	Kan jeg godt få kassesedlen? [kan jai̯ gɔt fou̯ 'kasəseðlən]
R08	Mit der Rechnung stimmt etwas nicht.	Der er noget galt med regningen. [der er 'nou̯ət gält með 'rai̯niŋən]

In Dänemark ist die Mehrwertsteuer (MOMS [mɔms]) sehr hoch: 25 % auf die meisten Artikel. Das gilt auch für Lebensmittel. Wenn Sie die Möglichkeit haben, als Selbstversorger Nahrungsmittel und Getränke aus dem Heimatland mitzunehmen, können Sie so einiges sparen. Besonders teuer sind Nahrungsmittel mit hohem Fettgehalt, denn im gesundheitsbewussten Dänemark wurde 2011 eine Fettsteuer auf ungesättigte Fettsäuren eingeführt.

R09	Diesen Artikel habe ich nicht gekauft.	Denne artikel har jeg ikke købt. ['denə ar'tikəl har jai̯ 'ikə köbt]

Um den Preis handeln

Forhandle om prisen

Wo darf gehandelt werden?

In Geschäften ist das Handeln unüblich. Doch auf einem Flohmarkt loppemarked ['lɔpəmarkəð] darf ruhig geschachert werden.

R10	Wie viel kostet das?	Hvor meget koster det? [wor 'mai̯ət 'kɔstər dä]

R11	Es tut mir leid, aber das ist zu teuer.	Det gør mig ondt, men det er for dyrt. [dä gör mai̯ ɔnt men dä er for dürt]
R12	Könnte ich eine Ermäßigung bekommen?	Kunne jeg få en rabat? ['kunə jai̯ fou̯ e:n ra'bat]

Hvad med ...? [wa�̌ð með]	Wie wäre es mit ...?

R13	Für ... nehme ich es.	For ... tager jeg det. [for ... tar jai̯ dä]
R14	Das ist mein letztes Angebot.	Det er mit sidste tilbud. [dä er mit 'sidstə 'tilbuð]
R15	Ich muss es mir noch einmal überlegen.	Jeg vil tænke over det igen. [jai̯ wil 'tänkə 'ɔu̯ər dä i'gen]
R16	Abgemacht!	Afgjort! [au̯gjort]

Schnäppchen sind rar

Wenn es um Artikel für das tägliche Leben geht, findet man selten Schnäppchen in Dänemark. Eine Ausnahme stellen Antiquitäten dar. Auf Straßenmärkten lässt sich hier und da durchaus etwas Interessantes zu günstigen Preisen ergattern.

Gekauftes umtauschen oder zurückgeben
Bytte det købte eller give det tilbage

	Dieser Artikel ☐.	Denne artikel ☐. ['denə ar'tikəl]
R17	☑ ist beschädigt	☑ er beskadiget [er bə'skäðiət]
R18	☑ funktioniert nicht richtig	☑ fungerer ikke rigtigt [fun'gerər 'ikə 'rigtit]
R19	☑ ist nicht, was ich wollte	☑ er ikke, hvad jeg ville have [er 'ikə wǎð jai̯ 'wilə ha]
	Ich möchte ☐.	Jeg vil godt have ☐. [jai̯ wil gɔt ha]

R20	☑ das umtauschen	☑ det byttet [dä ˈbütət]
R21	☑ das zurückgeben	☑ det tilbage leveret [dä tilˈbäe ləˈwerət]
R22	☑ mein Geld erstattet	☑ mine penge godtgjort [ˈminə ˈpeŋə ˈgɔtgjort]
R23	Ein Gutschein wäre auch in Ordnung.	Et værdibevis ville også være i orden. [et werˈdibəwiːs ˈwilə ˈɔsə ˈwärə i ˈordən]

Bank og post
Bank und Post

Die Währung
Valutaen

Die Währung Dänemarks ist nach wie vor die Krone (krone ['kronə], Mehrzahl: kroner ['kronər]). Da sie aber dem europäischen Wechselkursmechanismus unterliegt, schwankt ihr Kurs nur minimal: 1 Euro = ca. 7,5 Kronen. Einer Krone entsprechen 100 Ören ører (['örər]), Einzahl: øre (['örə]).
Münzen gibt es im Wert von 50 Ören, einer Krone, 2, 5, 10 und 20 Kronen. Banknoten existieren im Wert von 50, 100, 200, 500 und 1000 Kronen.

R24 Ich möchte das gern in dänische Kronen umtauschen.	Jeg ville gerne veksle det til danske kroner. [jai 'wilə 'gernə 'wekslə dä til 'danskə 'kronər]

R25	Wie ist der Wechselkurs heute?	Hvad er vekselkursen i dag? [wa∂ er ˈweksəlkursən i dä]
R26	Wie hoch ist die Umrechnungsgebühr?	Hvor meget er omregningsgebyret? [wor ˈmaiət er ˈɔmrainiŋgsgəbürət]
	Ich hätte das Geld gern in ☑.	Jeg ville gerne have pengene i ☑. [jai ˈwilə ˈgernə ha ˈpeŋənə i]
R27	☑ kleinen Scheinen	☑ små sedler [smou ˈse∂lər]
R28	☑ Fünf- und Zehn-Kronen-Münzen	☑ fem og ti krone mønter [fem o ti ˈkronə ˈmöntər]
R29	☑ Zwanzig-Kronen-Münzen und Fünfzig-Kronen-Scheinen	☑ tyve krone mønter og halvtreds krone sedler [ˈtüwə ˈkronə ˈmöntər o ˈhaltres ˈkronə ˈse∂lər]

Geld besorgen
Skaffe penge

EC-Karte oder Kreditkarte?

Mit EC-Karte und PIN kann man in Dänemark an vielen Automaten Geld abheben. Möglicherweise müssen Sie mit Währungsumrechnungsprovisionen rechnen. Hinzu kommen die Abhebungsgebühren, die auch in Deutschland an institutsfremden Automaten anfallen würden. Ähnliches gilt für die Kreditkarte, doch mit ihr kann man an fast allen Automaten Geld bekommen. Einige deutsche Banken haben jedoch Partnerbanken in Dänemark, an deren Geldautomaten Sie gebührenfrei abheben können. Am besten erkundigen Sie sich bei Ihrer Bank nach der Höhe der Gebühren und möglichen Partnern im Ausland.

R30	Gibt es einen Geldautomaten in der Nähe?	Er der en pengeautomat i nærheden? [er der eːn ˈpeŋəautomät i ˈnärhe∂ən]

R31	Wo ist die nächste Bank?	Hvor er den nærmeste bank? [wor er dən 'närməstə bank]
R32	Ich möchte diesen Reisescheck einlösen.	Jeg vil godt indløse disse rejsechecks. [jai wil gɔt 'inlösə 'disə 'raisəscheks]

In der Post
På posthuset

Briefe oder Postkarten aus Dänemark verschickt man als Standardbrief (brev [breu]) oder als Sparbrief (økonomibrev [ökɔnɔ'mibreu]). Standardbriefe sollten mit dem internationalen Kennzeichen A Prioritaire beschriftet werden und die sogenannten Sparbriefe mit B Economique. Sparbriefe kommen ein paar Tage später bei der Zieladresse an.

Gewicht	Dänemark	innerhalb Europas	Rest der Welt
Standardbrief, Postkarte bis 50 g	8,00 dkr	11,50 dkr	13,00 dkr
Sparbrief, Postkarte bis 50 g	6,00 dkr	9,00 dkr	11,00 dkr

	Ich bräuchte ▢.	Jeg har brug for ▢. [jai har bru for]
R33	☑ einen Briefumschlag	☑ en konvolut [eːn kɔnvɔ'lut]
R34	☑ eine Briefmarke	☑ et frimærke [et 'frimerkə]
R35	☑ die passende Briefmarke	☑ det rigtige frimærke [dä 'rigtiə 'frimerkə]
	Ich möchte ▢ aufgeben.	Jeg ville godt indlevere ▢. [jai 'wilə gɔt 'inləverə]

R36	☑ diese Postkarte	☑ dette postkort ['detə pɔstkort]
R37	☑ diesen Brief	☑ dette brev ['detə breu]
R38	☑ dieses Päckchen	☑ denne brevpakke ['denə 'breupakə]
R39	nach Deutschland	til Tyskland [til 'tüsklan]
R40	nach Österreich	til Østrig [til 'östri]
R41	in die Schweiz	til Schweiz [til swaits]
R42	Welche Briefmarke brauche ich dafür?	Hvilket frimærke har jeg brug for til det? ['wilket 'frimerkə har jai bru for til dä]

Fritidsaktiviteter
Freizeitaktivitäten

Ganz allgemein
Helt almindeligt

Wie viel kostet der Eintritt für ▢?	Hvor meget koster entreen for ▢? [wor 'maiət 'kɔstər aŋg'träən for]
S01 ☑ Kinder und Schüler	☑ **børn og elever** [börn o e'le:wər]
S02 ☑ Studenten	☑ **studerende** [stu'derənə]
S03 ☑ Erwachsene	☑ **voksne** ['wɔksne]
S04 ☑ Senioren	☑ **pensionister** [paŋgsio'nistər]
S05 ☑ Gruppen	☑ **grupper** ['grupər]
S06 Gibt es eine Ermäßigung?	Er der en rabat? [er der e:n ra'bat]
S07 Zwei Erwachsene und ein Kind, bitte.	To voksne og et barn, tak. [to 'wɔksnə o et barn tak]
Wann *öffnet/ schließt* ▢?	Hvornår *åbner/lukker* ▢? [wor'nour 'oubnər/'lukər]
S08 ☑ das Museum	☑ **museet** [mu'säət]
S09 ☑ die Ausstellung	☑ **udstillingen** ['uðstiliŋən]
S10 ☑ der Themenpark	☑ **temaparken** ['tämaparkən]
S11 ☑ der Vergnügungspark	☑ **forlystelsesparken** [for'lüstəlsəsparkən]

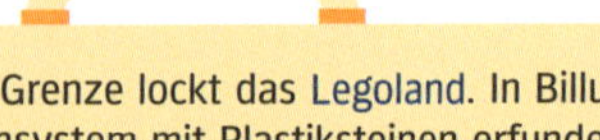

Nahe der deutschen Grenze lockt das Legoland. In Billund wurde das Baukastensystem mit Plastiksteinen erfunden. Das Wort Lego stammt übrigens aus dem jütländischen Dialekt für Leg godt! ([lai gɔt]) und bedeutet *Spiel gut!*. Im Legoland, einer Art dänischem Disneyland, werden allerlei Vergnügen rund um die weltberühmten Legosteine angeboten. Hier lässt sich mit Kindern ein Tag ohne Sonnenschein gut verbringen.

Gibt es ⍰?	Er der ⍰? [er der]
512 ☑ einen Geschenkla- den	☑ en gavebod [eːn 'gäwəboð]
513 ☑ ein Café	☑ en café [eːn ka'feː]
514 ☑ ein Restaurant	☑ en restaurant [eːn resto̯u'raŋg]
515 ☑ eine Garderobe	☑ en garderobe [eːn gardə'robə]

Ingen adgang for børn ['iŋgən 'aðgaŋg for börn]	Kinder haben keinen Zutritt.
kun i ledsagelse af *en voksen/en af foræl-drene* eller en formynder [kun i 'leðsäəlsə a eːn 'wɔksən/eːn a for'äldrənə 'elər eːn 'formünər]	nur in Begleitung *eines Erwachsenen/ eines Elternteils* oder Erziehungsberechtig-ten

516 Was kostet die Teil-nahme?	Hvad koster deltagelsen? [wa ð 'kɔstər 'deltäəlsən]
517 Was kostet der Kurs?	Hvad koster kurset? ['wað 'kɔstər 'kursət]
518 Was kostet eine Stunde?	Hvad koster en time? [wað 'kɔstər eːn 'tiːmə]
519 Ich möchte eine Stadtrundfahrt machen.	Jeg ville godt tage på en bytur. [jai̯ 'wilə gɔt ta po̯u eːn 'bütur]

Sport
Sport

Wo können wir ⍰ spielen?	Hvor kan vi spille ⍰? [wor kan wi 'spilə]
520 ☑ (Beach-)Volleyball	☑ (beach) volleyball [(biːtsch) 'wɔlibɔ̯ul]
521 ☑ Fußball	☑ fodbold ['foðbɔld]
522 ☑ Golf	☑ golf [gɔlf]

S23	☑ Minigolf	☑ minigolf ['minigɔlf]
S24	☑ Tennis	☑ tennis ['tenis]
S25	Darf ich mitspielen?	Må jeg spille med? [moụ jaị 'spilə með]
S26	Ich würde gern eine Wanderung machen.	Jeg ville gerne tage på en vandretur. [jaị 'wilə 'gernə ta poụ eːn 'wandrətur]
S27	Können Sie uns einen *schönen/kurzen* Wanderweg empfehlen?	Kunne du anbefale os en *køn/kort* vandre-vej? ['kunə du 'anbəfälə ɔs eːn kön/kort 'wandrəwaị]
	Wo kann man ⍰ ?	Hvor kan man ⍰? [wor kan man]
S28	☑ eine Wanderkarte bekommen	☑ få et vandrekort [foụ et 'wandrəkort]
S29	☑ angeln	☑ fiske ['fiskə]
S30	☑ ein Fahrrad mieten	☑ leje en cykel ['laịjə eːn 'sükəl]
S31	☑ ein Mountainbike mieten	☑ leje en mountainbike ['laịjə eːn 'maụntən baịk]
S32	☑ gut joggen	☑ løbe godt ['löːbə gɔt]
S33	☑ reiten	☑ ride ['riːðə]
S34	Gibt es in der Nähe eine Reitschule?	Er der en rideskole i nærheden? [er der eːn 'riːðəskolə i 'närheðən]

Wassersport

Vandsport

	Ich würde gern ⍰.	Jeg ville gerne ⍰. [jaị 'wilə 'gernə]
S35	☑ Kajak fahren	☑ sejle i kajak ['saịlə i kaị'jak]
S36	☑ segeln	☑ sejle ['saịlə]
S37	☑ kitesurfen	☑ kitesurfe ['kaịtsöəfə]
S38	☑ tauchen	☑ dykke ['dükə]
S39	☑ Wasserski fahren	☑ stå på vandski [stoụ poụ 'wanski]
S40	☑ wellenreiten	☑ wavesurfe ['uäwsöəfə]

41	☑ windsurfen	☑ windsurfe ['winsöəfə]
	Ich möchte ☐ mieten.	Jeg vil godt leje ☐. [jai wil gɔt 'laijə]
42	☑ ein Motorboot	☑ en motorbåd [eːn 'motorboʊð]
43	☑ einen Katamaran	☑ en katamaran [eːn katama'ran]
44	☑ ein Segelboot	☑ en sejlbåd [eːn 'sailboʊð]
45	☑ ein Ruderboot	☑ en robåd [eːn 'roːboʊð]
46	☑ ein Tretboot	☑ en trædebåd [eːn 'träðəboʊð]
47	☑ ein Kajak	☑ en kajak [eːn kai'jak]
48	☑ ein Surfbrett	☑ et surfbræt [et 'söəfbret]
49	☑ eine Taucheraus- rüstung	☑ en dykkerudrustning [eːn 'dükəruðrustninɡ]
50	Wie ist der Wellen- gang?	Hvordan er bølgegangen? [wor'dan er 'böljəɡaŋən]
51	Ich möchte schwim- men gehen.	Jeg vil godt gå ud at svømme. [jai wil gɔt goʊ uð at 'swömə]

S52	Gibt es ein Freibad in der Nähe?	Er der et friluftsbad i nærheden? [er der et 'friluftsbað i 'närheðən]
S53	Gibt es ein Hallenbad in der Nähe?	Er der en svømmehal i nærheden? [er der e:n 'swöməhal i 'närheðən]
S54	Ist dies das Nicht-schwimmerbecken?	Er det ikke-svømmerbassinet? [er dä 'ikə 'swömərbaseŋɡət]
	Wo sind die ☐?	Hvor er ☐? [wor er]
S55	☑ Duschen	☑ bruserne ['brusərnə]
S56	☑ Umkleideräume	☑ omklædningsrummene ['ɔmklæðniŋɡsrumənə]
S57	☑ Schließfächer	☑ boksene ['bɔksənə]
S58	Wo bekomme ich *die passende Münze/den Chip?*	Hvor får jeg *den rigtige mønt/chippen?* [wor four jai dən 'rigtiə mönt/tschipən]

Am Strand

På stranden

Auf Ferienhäusern am Strand weht stolz die rot-weiße Fahne Dänemarks (dannebrog ['danəbro]). Sie ist allgegenwärtig – auch in Vorortsgärten, bei Familienfeiern, auf Christbäumen usw.

559	Wie komme ich zum Strand?	Hvordan kommer jeg til stranden? [wor'dan 'kɔmər jai̯ til 'stranən]
560	Darf man hier schwimmen?	Må man svømme her? [mou̯ man 'swömə her]

Der er flod. [der er floð]	Es ist Flut.
Der er ebbe. [der er 'ebə]	Es ist Ebbe.

561	Gibt es gefährliche Strömungen?	Er der farlige strømme? [er der 'farliə 'strömə]
562	Gibt es gefährliche Quallen?	Er der farlige vandmænd? [er der 'farliə 'wanmen]
	Ich möchte ☐ kaufen.	Jeg vil godt købe ☐. [jai̯ wil gɔt 'köbə]
	Ich möchte ☐ mieten.	Jeg vil godt leje ☐. [jai̯ wil gɔt 'lai̯jə]
563	☑ einen Sonnenschirm	☑ en parasol [e:n para'sɔl]
564	☑ einen Strandstuhl	☑ en strandstol [e:n 'stransto:l]
565	☑ einen Windschutz	☑ en windskærm [e:n 'winskärm]

Wellness

Wellness

	Ich möchte ☐.	Jeg vil godt ☐. [jai̯ wil gɔt]
566	☑ ein Dampfbad nehmen	☑ tage et dampbad [ta et 'dampbað]

In Dänemark gilt es als unhöflich, einen Liegestuhl mit einem Handtuch für sich zu reservieren und ihn dann nicht zu benutzen. Seien Sie nicht überrascht, wenn jemand in Ihrer Abwesenheit das Handtuch beiseitegeräumt hat und nun auf „Ihrem" Stuhl liegt.

S67	☑ eine Massage buchen	☑ bestille en massage [bə'stilə e:n ma'säschə]
S68	☑ ein Handtuch leihen	☑ leje et håndklæde ['lɑijə et 'hɔnklädə]
S69	☑ einen Bademantel leihen	☑ leje en badekåbe ['lɑijə e:n 'baðəkoubə]
S70	☑ die Sauna benutzen	☑ benytte saunaen ['bənütə 'saunäən]
S71	☑ in die Therme gehen	☑ gå i spa-anlæget [gou i 'spa:anlägət]

Ich hätte gern ☐	Jeg ville gerne have ☐ [jai̯ 'wilə 'gernə ha]
S72 ☑ ein Gesichtspeeling	☑ en ansigtspeeling [eːn 'ansigtspiːliŋ]
S73 ☑ ein Körperpeeling	☑ en kropspeeling [eːn 'krɔpspiːliŋ]
S74 ☑ eine Maniküre	☑ en manicure [eːn mani'kürə]
S75 ☑ eine Pediküre	☑ en pedicure [eːn pedi'kürə]
Bieten Sie ☐ an?	Tilbyder man ☐? ['tilbüðər man]
S76 ☑ Ayurveda-Anwendungen	☑ ajurveda-behandlinger [ajur'wäda bə'hanliŋər]
S77 ☑ Anwendungen mit Naturkosmetik	☑ behandlinger med naturkosmetik [bə'hanliŋər með na'tur kɔsmə'tik]
Ich würde gern ☐ teilnehmen.	Jeg ville gerne tage del ☐. [jai̯ 'wilə 'gernə ta deːl]
S78 ☑ am Gymnastikunterricht	☑ i gymnastikundervisning [i gümnas'tikunərwisniŋ]
S79 ☑ am autogenen Training	☑ i autogenisk træning [i au̯to'gänisk 'träniŋ]
S80 ☑ am Yogaunterricht	☑ i yogaundervisningen [i 'joga 'unərwisniŋən]
S81 ☑ am Pilatesunterricht	☑ i pilatesundervisningen [i pi'lätəsunərwisniŋən]
S82 ☑ an der Meditation	☑ i meditationen [i meditasi'onən]

Museen und Ausstellungen

Museer og udstillinger

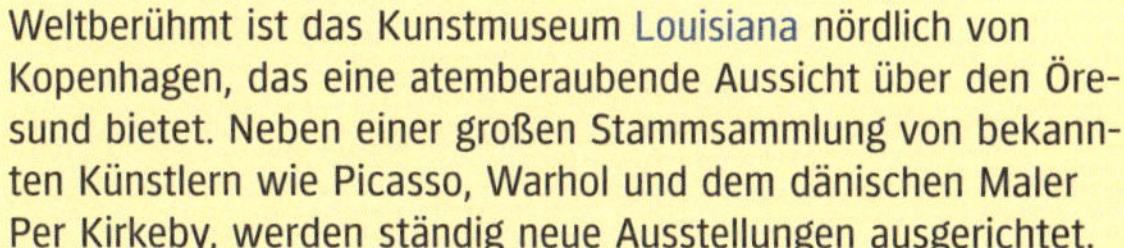

Weltberühmt ist das Kunstmuseum Louisiana nördlich von Kopenhagen, das eine atemberaubende Aussicht über den Öresund bietet. Neben einer großen Stammsammlung von bekannten Künstlern wie Picasso, Warhol und dem dänischen Maler Per Kirkeby, werden ständig neue Ausstellungen ausgerichtet.

T01 Ich möchte mir diese Ausstellung ansehen.	Jeg ville godt se denne udstilling. [jai̯ 'wilə gɔt se: 'denə 'uðstiliŋ]
Wir gehen ☐.	Vi går ☐. [wi go͜ur]
T02 ☑ ins Museum	☑ på museet [po͜u mu'säət]
T03 ☑ in die Galerie	☑ på galleriet [po͜u galə'riət]
T04 ☑ in den Zoo	☑ i zoologisk have [i soo'logisk 'häwə]
T05 Muss man für die Sonderausstellung Eintritt bezahlen?	Må man betale entré for særudstillingen? [mo͜u man bə'tälə aŋ'trä for 'säruðstiliŋən]

Eintritt frei

Für Kinder und Jugendliche bis 18 Jahren ist der Eintritt zu den dänischen Museen, die dem Kulturministerium gehören, frei.
Erwachsene haben freien Eintritt zum Nationalmuseum (Nationalmuseet [nasio'nälmusäət]) und dem Staatlichen Museum für Kunst (Statens Museum for Kunst ['stätəns mu'säum for kunst]) in Kopenhagen. Auch andere Museen kann man an bestimmen Tagen gratis besuchen.

T06 Verkaufen Sie zu dieser Ausstellung einen Katalog?	Sælger man en katalog til denne udstilling? ['seljər man e:n kata'lo til 'denə 'uðstiliŋ]
T07 Ich möchte einen Ausstellungskatalog kaufen.	Jeg vil godt købe en udstillingskatalog. [jai̯ wil gɔt 'köbə e:n 'uðstiliŋskatalo]
Ich interessiere mich für ☐.	Jeg interesserer mig for ☐. [jai̯ intərə'serer mai̯ for]
T08 ☑ Gemälde	☑ malerier [mälə'rier]

T09	☑ Skulpturen	☑ skulpturer [skulpˈturər]
T10	☑ Geschichte	☑ historie [hisˈtoriə]
T11	☑ naturwissenschaftliche Ausstellungen	☑ naturvidenskabelige udstillinger [naˈtur ˈwiðənskäbəliə ˈuðstiliŋgər]
T12	☑ Technik	☑ teknik [ˈteknik]

Bauernhöfe der Vergangenheit

Als traditionelles Agrarland legt Dänemark Wert darauf, seine bäuerliche Geschichte zu pflegen. Die verschiedenen Museumsbauernhöfe, wie das Freilichtmuseum in Lyngby (nördlich von Kopenhagen), sind beliebte Attraktionen. Die Altstadt (Den Gamle By [dən ˈgamlə bü]) von Aarhus, der größten Stadt Jütlands, bietet neben alten Bauernhöfen aus längst vergangenen Zeiten auch einen historischen Einblick in das Leben der Städter.

Nachtleben

Natteliv

T13	Wir möchten tanzen gehen.	Vi vil godt gå ud at danse. [wi wil gɔt gou uð at ˈdansə]
T14	Welche Musik läuft in diesem Club?	Hvad slags musik spiller de i denne klub? [wað slaks muˈsik ˈspilər di i ˈdenə klub]
T15	Was für Leute gehen dorthin?	Hvad slags folk går derhen? [wað slaks folk gour derˈhen]
T16	Was zieht man da an?	Hvad tager man på til det? [wað tar man pou til dä]
T17	Wann macht der Club auf?	Hvornår åbner klubben? [worˈnour ˈoubnər ˈklubən]

T18	Hier ist nichts los.	Her foregår der ikke noget. [her 'forgouͅr der 'ikə 'nouͅət]
T19	Können wir woanders hingehen?	Kan vi gå et andet sted hen? [kan wi gouͅ et 'anət steð hen]
T20	Lass uns einen trinken gehen!	Lad os gå ud at drikke! [lað ɔs gouͅ uð at 'drikə]
T21	Kennen Sie/Kennst du eine nette Kneipe?	Kender du et rart værtshus? ['kenər du et rart 'wärtshus]
T22	Hier gefällt's mir.	Her er det godt. [her er dä gɔt]

Eine Stadt mit vielen Gesichtern

Roskilde, eine der ältesten Städte Dänemarks, liegt nicht weit von Kopenhagen auf der Hauptinsel Seeland. Sie bietet dem Besucher ganz unterschiedliche Erlebnisse. Neben dem Dom aus dem 12. Jahrhundert, wo die dänischen Könige ihre Grabstätte finden, gibt es ein Museum mit Wikinger Langschiffen, die im Roskilder Fjord gefunden wurden. Im Sommer geht es mit dem jährlichen Jazz- und Rockfestival etwas lebhafter zu.

Kino, Theater, Konzert
Biograf, teater, koncert

T23	Ich würde gern ins Theater gehen.	Jeg ville gerne gå i teatret. [jaiͅ 'wilə 'gernə gouͅ i te'ätrət]
T24	Lass uns ins Kino gehen.	Lad os gå i biografen. [lað ɔs gouͅ i bio'gra:fən]
T25	Was läuft gerade?	Hvad går der lige nu? [wa ð gouͅr der 'liə nu]
	Ich möchte ☐ sehen.	Jeg ville godt se ☐. [jaiͅ 'wilə gɔt ᶊe:]

Das königliche Theater

T26	☑ einen Abenteuer-film	☑ en eventyrfilm [eːn 'ewəntürfilm]
T27	☑ einen Horrorfilm	☑ en horrorfilm [eːn 'hororfilm]
T28	☑ eine Komödie	☑ en komedie [eːn kɔ'meðiə]
T29	☑ eine Liebesge-schichte	☑ en kærlighedshistorie [eːn 'kärliheðs his'toriə]
T30	☑ einen Science-Fic-tion-Film	☑ en science-fiction-film [eːn 'saiəns 'fikschən film]
T31	☑ einen Trickfilm	☑ en tegnefilm [eːn 'tainəfilm]
T32	☑ etwas Lustiges	☑ noget morsomt ['nouət 'morsɔmt]
T33	☑ etwas Ernstes	☑ noget alvorligt ['nouət al'worlit]
	Wann fängt ☐ an?	Hvornår begynder ☐? [wor'nour bə'günər]

T34	☑ der Film	☑ filmen ['filmən]
T35	☑ das Stück	☑ stykket ['stükət]
T36	☑ das Konzert	☑ koncerten [kɔn'sertən]

Den/Det begynder klokken ... [dən/dä bə'günər 'klɔkən]	Er/Es fängt um ... Uhr an.

T37	Wann ist *er/es* zu Ende?	Hvornår er *den/det* forbi? [wor'nọur er dən/dä for'bi]
T38	Wir könnten in die Oper gehen.	Vi kunne gå i operaen. [wi 'kunə gọu i 'opəraən]

Eine Oper am Hafen

Die Stiftung A. P. Møller (nach dem Gründer der riesigen Reederei Mærsk genannt) machte den Dänen im Jahr 2004 ein großzügiges Geschenk. Sie finanzierte die Oper (Operaen ['opəraən]) auf der Insel Holmen. Das Opernhaus bietet eine beeindruckende Aussicht auf den Kopenhagener Hafen und sogar einen Einblick in die königliche Residenzanlage Amalienborg. Gönnen Sie sich eine Fahrt zur Oper in einem der vielen Kanallinienboote.

T39	Wir könnten zum Konzert gehen.	Vi kunne gå til koncerten. [wi 'kunə gọu til kɔn'sertən]
	Gibt es noch Karten für ☐?	Er der stadig væk billetter til ☐? [er der 'städi wek bi'letər til]
T40	☑ die Abendvorstellung	☑ aftenforestillingen ['aftənforstilingən]
T41	☑ die Matinée	☑ matinéen [mati'näən]

Wie viel kosten Plätze ☐?	Hvor meget koster pladserne ☐? [wor ˈmaiət ˈkɔstər ˈplasərnə]
T42 ☑ in den vorderen Reihen	☑ i de forreste rækker [i di ˈforəstə ˈrekər]
T43 ☑ in der Loge	☑ i logen [i ˈloːschən]
T44 ☑ in der Mitte	☑ i midten [i ˈmitən]
T45 ☑ im Parkett	☑ i parkettet [i parˈketət]
T46 ☑ im ersten Rang	☑ på den første balkon [pou dən ˈförstə balˈkɔŋ]
T47 Gibt es auch Steh-plätze?	Er der også ståpladser? [er der ˈɔsə ˈstouplasər]
T48 Ich hätte gern ein Pro-gramm.	Jeg ville gerne have et program. [jai ˈwilə ˈgernə ha et proˈgram]

Lieben Sie Klassik?

Für Liebhaber der leichten klassischen Musik ist die Konzert-halle im Tivoli zu empfehlen. Der Tivolipark im Zentrum Kopenhagens neben dem Hauptbahnhof ist eine der ältesten Vergnügungsparks der Welt und lockt jährlich eine Vielzahl von Touristen an. Auch die gemächlichen Fahrgeschäfte strahlen einen altehrwürdigen Charme aus. Gleich daneben liegt das königliche Theater, das seit 250 Jahren Konzerte und Schauspiele bietet.

Nødstilfælde
Notfälle

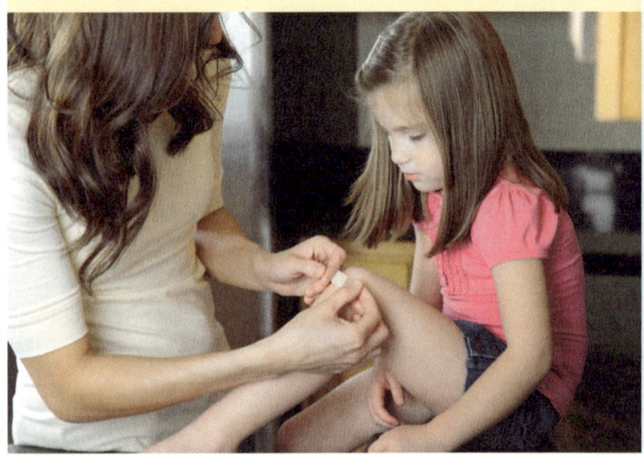

Notruf
Nødopkald

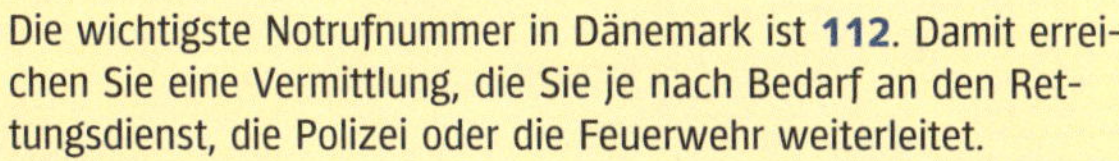

Die wichtigste Notrufnummer in Dänemark ist **112**. Damit errei-
chen Sie eine Vermittlung, die Sie je nach Bedarf an den Ret-
tungsdienst, die Polizei oder die Feuerwehr weiterleitet.

U01	Verbinden Sie mich mit dem Rettungs-dienst!	Forbind mig med redningsvæsenet! [for'bin mai̯ með 'reðniŋswäsnət]
U02	Die Polizei, bitte!	Politiet, tak! [pɔli'tiət tak]
U03	Die Feuerwehr, bitte!	Brandvæsenet, tak! ['branwäsnət tak]
U04	Kommen Sie schnell zu ...!	Kom hurtigt til ...! [kɔm 'hurtit til]
U05	Es hat einen Unfall gegeben.	Der er sket en ulykke. [der er ske:t e:n 'ulükə]
U06	Es hat eine Schlägerei gegeben.	Der har været et slagsmål. [der har 'wärət et 'slau̯smou̯l]
U07	Es brennt!	Brand! [bran]
U08	Hilfe!	Hjælp! [jelp]

Auf der Polizeiwache
På politistationen

	Ich möchte ☐.	Jeg ville godt ☐. [jai̯ 'wilə gɔt]
U09	☑ jemanden anzeigen	☑ angive nogen ['angiwə 'nou̯ən]
U10	☑ eine Aussage machen	☑ give en erklæring ['giwə e:n er'kläriŋ]
U11	☑ einen Diebstahl melden	☑ melde et tyveri ['melə et tüwə'ri]

U12	☑ eine Schlägerei melden	☑ melde et slagsmål ['melə et 'slausmoul]
U13	☑ eine Vermisstenanzeige machen	☑ melde at nogen er forsvunden ['melə at 'nouən er for'swunən]
U14	☑ einen Anwalt sprechen	☑ tale med en sagfører ['tälə með e:n 'sauförər]
U15	☑ einen Telefonanruf tätigen	☑ lave en telefonopringning ['läwə e:n tele'fon 'opringning]
	Mir wurde ☐ gestohlen.	☐ blev stjålet. [bleu 'stjoulət]
U16	☑ mein Auto	☑ Min bil [mi:n bi:l]
U17	☑ meine Brieftasche	☑ Min tegnebog [mi:n 'tainəbou]
U18	☑ mein Geldbeutel	☑ Min pung [mi:n pung]
U19	☑ mein Handy	☑ Min mobiltelefon [mi:n mo'biltelefon]
U20	☑ meine Handtasche	☑ Min håndtaske [mi:n 'hontaskə]
	Ich wurde ☐.	Jeg blev ☐. [jai bleu]
U21	☑ ausgeraubt	☑ udplyndret ['uðplünrət]

U22	☑ verprügelt	☑ gennempryglet ['genəmprülət]
U23	☑ vergewaltigt	☑ voldtaget ['vɔltäət]
U24	Es gibt einen Zeugen.	Der er et vidne. [der er et 'wiðnə]
U25	Es gibt keinen Zeugen.	Der er ikke et vidne. [der er 'ikə et 'wiðnə]

Beim Arzt und im Krankenhaus
Hos lægen og på sygehuset

Eine Auslandskrankenversicherung, die auch den Transport in die Heimat mit einschließt, ist auf Reisen immer eine gute Idee. In Dänemark können EU-Bürger im Notfall die Versorgung durch das dänische Gesundheitssystem beanspruchen. Die Vorlage des Personalausweises oder Reisepasses genügt, doch es ist empfehlenswert, sich bei seiner Krankenkasse die europäische Versicherungskarte (EHIC) bzw. eine Ersatzbescheinigung zu besorgen.

V01	Ich brauche einen Arzt.	Jeg har brug for en læge. [jai̯ har bru for eːn 'läjə]

In Dänemark ist im Krankheitsfall der Allgemeinmediziner (praktiserende læge [prakti'serənə 'läjə]) der erste Anlaufpunkt. Zugang zu einem Facharzt gibt es in der Regel erst durch Überweisung.

	Wo ist ☐?	Hvor er der ☐? [wor er der]
V02	☑ die nächste Arztpraxis	☑ den nærmeste læges praksis [dən 'närməstə 'läjəs 'praksis]
V03	☑ ein Krankenhaus	☑ et sygehus [et 'süəhus]
V04	☑ eine Unfallchirurgie	☑ en skadestue [eːn 'skäðəstuə]
V05	☑ ein Allgemeinmediziner/eine Allgemeinmedizinerin	☑ en praktiserende læge [eːn prakti'serənə 'läjə]
V06	☑ ein Augenarzt/eine Augenärztin	☑ en øjenlæge [eːn ɔiənläjə]
V07	☑ ein Hautarzt/eine Hautärztin	☑ en hudlæge [eːn 'huðläjə]
V08	Das ist meine Versichertenkarte.	Det er mit forsikringskort. [dä er mit for'sikriŋskort]
V09	Das ist meine Krankenversicherung.	Det er min sygeforsikring. [dä er miːn 'süəforsikriŋ]

Vær så venlig at tage plads i venteværelset. [wär sou̯ 'wenli at ta plas i 'wentəwärəlsət]	Bitte nehmen Sie im Wartezimmer Platz.

V10	Ich würde lieber mit einer Ärztin sprechen.	Jeg ville hellere tale med en kvindelig læge. [jai̯ 'wilə 'helərə 'tälə með eːn 'kwinəli 'läjə]
V11	Ich hatte einen Unfall.	Jeg havde et ulykkestilfælde. [jai̯ 'häðə et 'ulükstilfelə]

V12	Ich habe (starke) Schmerzen.	Jeg har (stærke) smerter. [jai har ('stärkə) 'smertər]
	Es ist ein ☐ Schmerz.	Det er en ☐ smerte. [dä er eːn 'smertə]
V13	☑ andauernder	☑ vedvarende ['wəðwarənə]
V14	☑ wiederholt auftretender	☑ tilbagevendende [til'bääwenənə]
V15	☑ brennender	☑ brændende ['brenənə]
V16	☑ dumpfer	☑ trykkende ['trükənə]
V17	☑ stechender	☑ stikkende ['stikənə]

Gør det ondt? [gör dä ɔnt]	Tut das weh?

V18	Hier tut es weh.	Her gør det ondt. [her gör dä ɔnt]
V19	Das tut weh!	Det gør ondt! [dä gör ɔnt]
	Ich habe mir ☐ gebrochen.	Jeg har brækket ☐. [jai har 'brekət]
V20	☑ den *linken/rechten* Arm	☑ den *venstre/højre* arm [dən 'wenstrə/'hoirə arm]
V21	☑ eine Rippe	☑ et ribben [et ri beːn]
V22	☑ das Schlüsselbein	☑ nøglebenet ['noiləbeːnət]
V23	☑ die Schulter	☑ skulderen ['skulərən]
V24	☑ das Bein	☑ benet ['beːnət]
V25	☑ den Fuß	☑ foden ['foðən]
V26	☑ den Zeh	☑ tåen ['touən]
	Ich habe mir ☐ verstaucht.	Jeg har forstuvet ☐. [jai har for'stuət]
V27	☑ die Hand	☑ hånden ['hɔnən]
V28	☑ den Finger	☑ fingeren ['fiŋərən]
V29	☑ den Daumen	☑ tommelfingeren ['tɔməlfiŋərən]
V30	☑ das Handgelenk	☑ håndledet ['hɔnläðət]

V31	Ich möchte, dass das geröntgt wird.	Jeg ville godt have det røntgenfotograferet. [jai 'wilə gɔt ha dä 'röntgən fotogra'ferət]

Er du gravid? [er du gra'wið]	Sind Sie schwanger?

V32	Ich fühle mich schwach.	Jeg føler mig utilpas. [jai 'fölər mai 'utilpas]
V33	Mir ist schwindelig.	Jeg er svimmel. [jai er 'swiməl]
V34	Mir ist übel.	Jeg har kvalme. [jai har 'kwalmə]
V35	Ich musste mich übergeben.	Jeg måtte kaste op. [jai 'mɔtə 'kastə ɔp]
V36	Ich war ohnmächtig.	Jeg var besvimet. [jai war bə'swi:mət]
V37	Mein Bauch tut weh.	Det gør ondt i min mave. [dä gör ɔnt i min 'mäwə]
V38	Ich habe Rückenschmerzen.	Jeg har smerter i ryggen. [jai har 'smertər i 'rügən]
V39	Ich habe Kopfschmerzen.	Jeg har hovedpine. [jai har 'howəðpi:nə]
V40	*Er/Sie* hat Fieber.	*Han/Hun* har feber. [han/hun har 'fe:bər]

Können Sie mir ☐ *geben/verschreiben*?	Kan du *give mig/ordinere* ☐? [kan du gi mai/ordi'nerə]

V41	☑ Antibiotika	☑ antibiotika [antibi'otika]
V42	☑ etwas gegen ...	☑ noget imod ... ['nouət i'moð]
V43	☑ Schmerzmittel	☑ smertestillende middel ['smertəstilənə 'miðəl]
V44	Ich habe Angst vor Spritzen.	Jeg er bange for indsprøjtninger. [jai er 'baŋə for 'insprɔitniŋər]
V45	Ich möchte eine ungebrauchte Spritze.	Jeg ville godt have en ubrugt sprøjte. [jai 'wilə gɔt ha e:n 'ubrugt 'sprɔitə]
V46	Bitte waschen Sie sich die Hände.	Vil du godt vaske dine hænder. [wil du gɔt 'waskə 'dinə 'henər]

V47	Ich bin Diabetiker/Diabetikerin.	Jeg er diabetiker. [jɑi er diaˈbeːtikər]
V48	Ich bin Epileptiker/Epileptikerin.	Jeg er epileptiker. [jɑi er epiˈleptikər]
V49	*Er/Sie* braucht dringend Medikamente.	*Han/Hun* har hårdt brug for medikamenter. [han/hun har hɒurt bru for medikaˈmentər]
V50	*Er/Sie* braucht dringend Insulin.	*Han/Hun* har hårdt brug for insulin. [han/hun har hɒurt bru for insuˈliːn]

Tager du nogen som helst medikamenter? [tar du ˈnɒuən sɔm helst medikaˈmentər]	Nehmen Sie/Nimmst du irgendwelche Medikamente ein?

V51	Ja, ich nehme …	Ja, jeg tager … [ja jɑi tar]

Har du nogen som helst allergier? [har du ˈnɒuən sɔm helst alərˈgiər]	Haben Sie/Hast du irgendwelche Allergien?

	Ich bin allergisch gegen ⍰.	Jeg er allergisk imod ⍰. [jɑi er aˈlergisk iˈmoð]
V52	☑ Insektenstiche	☑ insektstik [inˈsektstik]
V53	☑ Penizillin	☑ penicillin [penisiˈliːn]
	Ich habe ⍰.	Jeg har ⍰. [jɑi har]
V54	☑ Asthma	☑ astma [ˈastma]
V55	☑ Atembeschwerden	☑ åndedrætsbesværligheder [ˈɔnədretsbəswerliheðər]
V56	☑ Durchfall	☑ diarré [diaˈreː]
V57	☑ eine Entzündung	☑ en betændelse [eːn bəˈtenəlsə]
V58	☑ eine Erkältung	☑ en forkølelse [eːn forˈköləlsə]
V59	☑ Grippe	☑ influenza [influˈensa]

V60	☑ einen *schmerzhaften/brennenden* Hautausschlag	☑ et *smertefuldt/brændende* hududslæt [et ˈsmertəfult/ˈbrenənə ˈhuðuðslet]
V61	☑ Heuschnupfen	☑ høfeber [ˈhöfeːbər]
V62	☑ Husten	☑ hoste [ˈhostə]
V63	☑ einen (tiefen) Schnitt	☑ et (dybt) skår [et (dübt) skọur]
V64	☑ einen Sonnenbrand	☑ en solskoldning [eːn ˈsolskɔlning]
V65	☑ eine Verbrennung	☑ en forbrænding [eːn forˈbrening]
V66	☑ eine Wunde	☑ et sår [et sọur]
V67	Ich habe mich verbrannt.	Jeg har brændt mig. [jai har brent mai]
V68	Vielleicht habe ich einen Sonnenstich.	Måske har jeg fået et solstik. [mọuˈske har jai ˈfọuət et ˈsolstik]
V69	Ich bin erkältet.	Jeg er forkølet. [jai er forˈkölət]
V70	Ich wurde von *einem Hund/einer Kreuzotter* gebissen.	Jeg er blevet bidt af *en hund/en hugorm*. [jai er ˈbleːwət bit a eːn hun/eːn ˈhɔgorm]
V71	Ich habe eine *Pilz-/Fisch-/Austern*vergiftung.	Jeg er blevet forgiftet af *svampe/fisk/østers*. [jai er ˈbleːwət forˈgiftət a ˈswampə/fisk/ˈöstərs]

Jeg må overføre dig til et sygehus. [jai mọu ˈoərförə dai til et ˈsüəhus]	Ich muss Sie/dich ins Krankenhaus einweisen.
Du må blive opereret. [du mọu ˈbli ɔpəˈrerət]	Sie müssen/Du musst operiert werden.

V72	Wann werde ich operiert?	Hvornår bliver jeg opereret? [worˈnọur ˈbliər jai ɔpəˈrerət]

Hvilken blodgruppe har du? [ˈwilkən ˈbloðgrupə har du]	Welche Blutgruppe haben Sie?

V73	Meine Blutgruppe ist *A/B/AB/0* positiv.	Min blodgruppe er *A/B/AB/0* positiv. [min 'bloðgrupə er Ä/Be:/ÄBe:/nul 'pɔsitiu̯]
V74	Meine Blutgruppe ist *A/B/AB/0* negativ.	Min blodgruppe er *A/B/AB/0* negativ. [min 'bloðgrupə er Ä/Be:/ÄBe:/nul 'negatiu̯]
V75	Ich will keine Bluttransfusion.	Jeg vil ikke have en blodtransfusion. [jai̯ wil 'ikə ha e:n 'bloðtransfusion]
	Ich bin (nicht) gegen ☐ geimpft.	Jeg er (ikke) vaccineret imod ☐. [jai̯ er ('ikə) waksi'nerət i'moð]
V76	☑ Tetanus	☑ stivkrampe ['stiwkrampə]
V77	☑ Polio	☑ børnelammelse ['börnəlaməlsə]
V78	☑ Tollwut	☑ hundegalskab ['hunəgalskäb]
V79	Wann darf ich aufstehen?	Hvornår må jeg stå op? [wor'nɔur mou̯ jai̯ stou̯ ɔp]
V80	Schwester, ich brauche Hilfe!	Sygeplejerske, jeg har brug for hjælp! ['süəplai̯ərskə jai̯ har bru for jelp]
V81	Wann werde ich entlassen?	Hvornår bliver jeg udskrevet? [wor'nɔur 'bliər jai̯ 'uðskre:wət]

Beim Zahnarzt
Hos tandlægen

W01	Kennen Sie einen guten Zahnarzt/eine gute Zahnärztin?	Kender du en god tandlæge? ['kenər du e:n goð 'tanläjə]
W02	Ich habe Zahnschmerzen.	Jeg har tandpine. [jai̯ har 'tanpi:nə]
W03	Das Zahnfleisch ist entzündet.	Tandkødet er betændt. ['tanköðət er bə'tent]
W04	Mir ist eine Füllung herausgefallen.	Jeg har mistet en plombe. [jai̯ har 'mistət e:n 'plɔmbə]
W05	Mir ist ein Stück vom Zahn abgebrochen.	Et stykke af min tand er brækket af. [et 'stükə a mi:n tan er 'brekət ä]

W06	Mir ist ein Stück von der Krone abgebrochen.	Et stykke af kronen er brækket af. [et ˈstükə a ˈkronən er ˈbrekət ä]
W07	Könnten Sie das provisorisch behandeln?	Kunne du lave den provisorisk? [ˈkunə du ˈläwə dən prɔwiˈsorisk]
W08	Ich möchte eine (lokale) Betäubung.	Jeg ville godt have en (lokal) bedøvelse. [jai̯ ˈwilə gɔt ha eːn (loˈkäl) bəˈdöwəlsə]

Ein wenig Grammatik

Das Alphabet und Besonderheiten der Aussprache

DAS ALPHABET

Das dänische Alphabet hat 29 Buchstaben, zusätzlich zum deutschen noch **æ, ø, å**, die am Ende des Alphabets stehen. **C, q, w, x** und **z** kommen nur in Fremdwörtern und Eigennamen vor, **ß** und die Umlaute **ä, ö, ü** sind nicht gebräuchlich.

DIE BESONDERHEITEN DER AUSSPRACHE

Die dänische Aussprache weicht häufig vom Schriftbild ab: Viele Buchstaben werden verschluckt und zusammengezogen. Schwierig ist die Aussprache der Vokale: Ein Buchstabe kann unterschiedlich ausgesprochen werden oder gleiche Laute können durch verschiedene Buchstaben widergegeben werden. Die feinen Unterschiede sind anfangs kaum hörbar.

Die folgende Liste umfasst nur die wichtigsten Vokalunterschiede und die Aussprachehinweise gelten grundsätzlich nur als Faustregeln:

Vokale (Selbstlaute)

a	langes a, ungefähr wie ä in *Käse*	tale, have, ja
a	kurzes a, vor und nach r, sowie vor k, m und ng wie a in *Hans*	tak, har, Randers

e	langes e, fast immer wie ee in *Beet*	se, det, sent
e	kurzes e, meist wie e in *Bett*	fem, heller, den, hen
i	langes i, fast immer wie ie in *Mief*	spise, vi, ti
i	kurzes i, oft vor Doppelkonsonanten; vor n, m, k wie kurzes e in *Hase*	ikke, til, lidt
o	langes o, immer wie o in *Ofen*	Bo, to, god
o	kurzes o, fast immer wie o in *hoffen*	godt, slot, kommer
o	vor r noch offener	hvor, bror
u	langes u, immer wie u in *Ufer*	du, uge, nu
u	kurzes u, vor n und m und oft vor f, g und k wie u in *unter*	nul, nummer, smuk
y	langes y, wie ü in *über*	ryge, tyve
y	kurzes y, vor Doppelkonsonanten wie ö in *Ökonomie*	stykke, sytten
y	nach r ungefähr wie ö in *Köpfe*	bryst, ryg
æ	wie ä in *ähnlich* oder *Bett* (vgl. kurzes e)	læse, æble, bælte
ø	langes ø, wie ö in *Löwe*	købe, sø

ø	kurzes ø, vor m und manchmal vor n wie ö in *Köpfe* (vgl. y nach r)	søn, svømme
ø	vor r immer wie ö in *nördlich*	gør, lørdag
å	langes å, immer wie o zwischen *Ofen* und *hoffen*	må, på, måde
å	kurzes å, fast immer wie o in *hoffen* (vgl. kurzes o)	hånd, så (dann)
å	vor r immer wie går	står

Die Konsonanten **b, f, h, j, k, l, m, n, ng, p** und **t** wie im Deutschen, Ausnahmen:

h ist in hj und hv stumm	hjemme, hvad
f wird in der Vorsilbe af- wie au gesprochen	afgang, afgå
die Doppelkonsonanten kk, pp und tt werden weicher gesprochen als im Deutschen	

d	am Wort- und Silbenanfang wie im Deutschen	den
d	nach l, n und r stumm	undskyld
d	nach Vokalen ähnlich wie das englische th (weiches d, klingt für Deutschsprachige anfangs wie l)	ledig, hedder

g	am Wort- und Silben-anfang und als Dop-pelkonsonant wie im Deutschen	god, kigge
g	nach i, e, æ, a (wie in tale), y und ø wie j *Junge* oder stumm	sige, besøg
g	nach o, u, a (wie in har) und å wie u oder stumm	uge, bog
r	wird nicht gerollt, im In- und Auslaut oft sehr abgeschwächt	mor, kommer, får
s	stimmlos wie in *Wasser*	selv, Sønderborg
v	am Wort- und Silben-anfang wie w in *Wasser*	vi, værsgo
v	stumm in lv-Verbin-dungen	selv, halv
v	u nach Vokalen wie z.B. in *Auto*	København, navn

Stoßton

Ein Charakteristikum der dänischen Sprache ist der Stoßton (stimm-loser Kehlkopfverschlusslaut), wie im Deutschen *Eule*, *immer*. Silben mit Stoßton sind betont, lang und stimmhaft. Der Stoßton wird aller-dings je nach Generation oder regional sehr uneinheitlich benutzt, in Teilen Süddänemarks hört man ihn überhaupt nicht.

Betonung

Die Betonung liegt fast immer auf der ersten Silbe, Ausnahme: Lehn- und Fremdwörter.

Nomen (Hauptwörter)

GENUS (GRAMMATISCHES GESCHLECHT)

Es gibt nur zwei Geschlechter:

Utrum (gemeinsame Form für männliches und weibliches Geschlecht) ca. 75 % der Nomen

Neutrum (sächliches Geschlecht) ca. 25 % der Nomen

ARTIKEL (BEGLEITER)

Den Geschlechtern entsprechend gibt es zwei unbestimmte Artikel:

en für Utrum = en-Wörter	en stol (ein Stuhl)
et für Neutrum = et-Wörter	et navn (ein Name)

Die bestimmten Artikel den, det und de werden nur bei vorangestellten Adjektiven verwendet:

den für Utrum	den Lille Havfrue (die kleine Meerjungfrau)
det für Neutrum	det Kongelige Teater (das Königliche Theater)
de für Plural	de store slotte (die großen Schlösser)

UNBESTIMMTE UND BESTIMMTE FORM

Singular (Einzahl): 1. unbestimmte Form: vorangestellter unbestimmter Artikel (en, et) 2. bestimmte Form: angehängter unbestimmter Artikel (-en, -et)

Singular	unbestimmt	bestimmt
Utrum (en)	**en** stol (ein Stuhl)	stol**en** (der Stuhl)
	en nøgle (ein Schlüssel)	nøgl**en*** (der Schlüssel)
	en havfrue (eine Meerjungfrau)	havfru**en*** (die Meerjungfrau)

Neutrum (et)	**et** navn (ein Name)	navn**et** (der Name)
	et værelse (ein Zimmer)	værels**et*** (das Zimmer)
	et slot (ein Schloss)	slot**tet**** (das Schloss)

Sonderformen:

* Enden die Substantive schon in der Grundform auf **-e**, wird nur **-n** bzw. **-t** angehängt. ** Konsonanten nach kurzem Vokal werden beim Zufügen von Endungen verdoppelt.

PLURAL (MEHRZAHL)

Man unterscheidet nicht nach Utrum oder Neutrum.

Unbestimmte Pluralform: Grundform + Endungen **-er** oder **-e** oder ohne zusätzliche Endung

Bestimmte Pluralform: unbestimmte Pluralform + Endung **-(e)ne**. Bei wenigen unregelmäßigen Pluralformen gibt es einen Vokalwechsel.

	Singular unbestimmt	Plural unbestimmt	Plural bestimmt
-er	en avis (eine Zeitung)	to avis**er** (zwei Zeitungen)	avis**erne** (die Zeitungen)
	en krone (eine Krone)	to kron**er** (zwei Kronen)	kron**erne** (die Kronen)
	et stykke (ein Stück)	to stykk**er** (zwei Stücke)	stykk**erne** (die Stücke)
-e	en stol (ein Stuhl)	to stol**e** (zwei Stühle)	stol**ene** (die Stühle)
	et navn (ein Name)	to navn**e** (zwei Namen)	navn**ene** (die Namen)

ohne Endung	en øl (ein Bier)	to øl (zwei Biere)	øllene (die Biere)
	et spor (ein Gleis)	to spor (zwei Gleise)	sporene (die Gleise)
unregelmäßig	en mand (ein Mann)	to mænd (zwei Männer)	mændene (die Männer
	en bror (ein Bruder)	to brødre (zwei Brüder)	brødrene (die Brüder)
	et barn (ein Kind)	to børn (zwei Kinder)	børnene (die Kinder)
	en datter (eine Tochter)	to døtre (zwei Töchter)	døtrene (die Töchter)

KASUS (FÄLLE)

Genitiv (Wessenfall)

Im Laufe der Zeit sind die meisten Kasusbeugungen verschwunden. Bei den Nomen ist lediglich der Genitiv erhalten. Wie im Deutschen wird **-s** angehängt: Adam**s** Æbler (Adams Äpfel).

KOMPOSITA (ZUSAMMENGESETZTE NOMEN)

(-)	**en** sommer	+ **et** hus	= **et** sommer-hus (ein Ferien-haus)
(-s-)	**et** land	+ **et** hold	= **et** land**s**hold (eine Natio-nalmannschaft)
(-e-)	**en** viking	+ **et** træf	= **et** viking**e**-træf (ein Wikin-gertreffen)

Pronomen (Fürwörter)

PERSONALPRONOMEN (PERSÖNLICHE FÜRWÖRTER)

Es gibt zwei Formen: 1. Subjektform für den Nominativ, 2. Objektform für Dativ, Akkusativ und nach Präpositionen.

	Subjekt	Objekt
Singular		
1. ich	jeg	mig
2. du/Sie	du/De	dig/Dem
3. er, sie, es Personen/Gegenstände, Sachen	han, hun/den, det	ham, hende/den, det
Plural		
1. wir	vi	os
2. ihr/Sie	I/De	jer/Dem
3. sie	de	dem

REFLEXIVPRONOMEN (RÜCKBEZÜGLICHE FÜRWÖRTER)

Singular	
jeg glæder **mig**	ich freue mich
du glæder **dig**, De glæder **Dem**	du freust dich, Sie freuen sich
Personen: han/hun glæder **sig**, Sachen: den/det glæder **sig**	er, sie, es freut sich
Plural	
vi glæder **os**	wir freuen uns
I glæder **jer**, De glæder **Dem**	ihr freut euch, Sie freuen sich
de glæder **sig**	sie freuen sich

Possessivpronomen (besitzanzeigende Fürwörter)

In der 3. Person Singular unterscheidet man zwischen reflexiv und nicht reflexiv: Bezieht sich das Pronomen auf das Subjekt desselben Satzes, stehen die reflexiven Formen sin/sit/sine.

Singular	
min, mit, mine	mein, meine, mein
din, dit, dine; Deres	dein, deine, dein; Ihr, Ihre, Ihr
Personen: hans, hendes; Sachen: dens, dets	sein, seine, sein
reflexiv, Personen und Sachen: sin, sit, sine	sein, seine, sein
Plural	
vores	unser, unsere, unser
jeres; Deres	euer, eure, euer; Ihr, Ihre, Ihr
deres	ihr, ihres, ihre

Demonstrativpronomen (hinweisende Fürwörter)

In der Alltagssprache verwendet man häufig die Personalpronomen den/det/de + her (hier) oder der (dort).

en-Wörter	Er **den her** stol ledig? (Ist dieser Stuhl frei?)
et-Wörter	Tag **det her** jakkesæt! (Nimm diesen Anzug!)
Plural	Hvad synes du om **de her** sko? (Wie findest du diese Schuhe?)

Interrogativpronomen (Fragefürwörter)

Substantivisch

Personen	hvem? (wer?)
Gegenstände	hvad? (was?)

Adjektivisch

	mündlich	**Schriftsprache**
en-Wörter	Hvad for en by … ? (Welche Stadt … ?)	hvilken?
et-Wörter	Hvad for et værelse … ? (Welches Zimmer … ?)	hvilket?
Plural	Hvad for nogen sko … ? (Welche Schuhe … ?)	hvilke?

Relativpronomen (bezügliche Fürwörter)

Relativpronomen als **Subjekt** des Relativsatzes	der oder som: Det er hende, **der/som** elskede at bade. (Das ist die, die zu baden liebte.)
Relativpronomen als **Objekt** des Relativsatzes	nur som (kann auch ausgelassen werden): Det er ham, **(som)** Preben altid sejlede med. (Das ist der, mit dem Preben immer segelte.)

Adjektive (Eigenschaftswörter)

Adjektive stehen entweder prädikativ oder attributiv bei einem Nomen. Es gibt drei Formen: Grundform, **t**-Form und **e**-Form. Bei unbestimmten Nomen richtet sich die Adjektivendung nach Geschlecht und Zahl des Nomens.

en-Wörter	Grundform
et-Wörter	**t**-Form
Plural	**e**-Form

Bei der attributiven Verwendung mit bestimmten Nomen wird unabhängig von Geschlecht und Zahl des Nomens immer die **e**-Form verwendet.

attributiv unbestimmt	attributiv bestimmt	prädikativ
en rød kjole (ein rotes Kleid)	den/hendes rø**de** kjole (das/ihr rotes Kleid)	Filmen er god. (Der Film ist gut.)
et rød**t** bælte (ein roter Gürtel)	det/Prebens rø**de** bælte (der/Prebens roter Gürtel)	Slottet er smuk**t**. (Das Schloss ist schön.)
to rø**de** kjoler (zwei rote Kleider)	de/Mettes rø**de** kjoler (die/Mettes rote Kleider)	Billederne er dårlig**e**. (Die Bilder sind schlecht.)

ADVERBIEN (UMSTANDSWÖRTER)

Viele Adverbien werden von Adjektiven abgeleitet: Grundform + **-t**.

Adjektiv: god/fin	Adverb: godt/fint
Det smager godt. (Es schmeckt gut.)	Det går fint. (Es geht prima.)

STEIGERUNG VON ADJEKTIVEN UND ADVERBIEN

Den Komperativ bildet man aus der Grundform + **-ere**.

Den Superlativ bildet man aus der Grundform + **-(e)st**.

Mehrsilbige Adjektive und Fremdwörter: Komparativ: **mere** + Grundform, Superlativ: **mest** + Grundform.

	Grundform	Komparativ	Superlativ
		-ere	-(e)st
lustig	sjov	sjov**ere**	sjov**est**
schön	smuk	smuk**kere**	smuk**kest**
gemütlich	hyggelig	hyggelig**ere**	hyggelig**st**

		mere	**mest**
interessant	interessant	**mere** interessant	**mest** interessant
imponierend	imponerende	**mere** imponerende	**mest** imponerende

Ausnahmen: unregelmäßige Steigerung

	Grundform	**Komparativ**	**Superlativ**
klein	lille	mindre	mindst
gut	god	bedre	bedst
schlecht	dårlig	værre	værst
alt	gammel	ældre	ældst
lang	lang	længere	længst
viele	mange	flere	flest
viel	meget	mere	mest
wenige	få	færre	færrest
wenig	lidt	mindre	mindst
gern	gerne	hellere	helst

Verben (Tätigkeitswörter)

Regelmäßige Verben I

	Stamm (= Imperativ)	**Infinitiv** (Stamm + -e)	**Präsens** (Infinitiv + -r)	**Präteritum** (Stamm + -ede)	**Perfekt** (har/er + Stamm + -et)
arbeiten	arbejd	arbejd**e**	arbejde**r**	arbejd**ede**	**har** arbejd**et**
machen	lav	lav**e**	lave**r**	lav**ede**	**har** lav**et**

Regelmäßige Verben II

	Stamm (= Imperativ)	Infinitiv (Stamm + -e)	Präsens (Infinitiv + -r)	Präteritum (Stamm + -te)	Perfekt (har/er + Stamm + -t)
essen	spis	spis**e**	spis**e**r	spis**te**	**har** spist
zeigen	vis	vis**e**	vis**e**r	vis**te**	**har** vist

Unregelmäßige Formen

	Stamm (= Imperativ)	Infinitiv (Stamm + -e)	Präsens	Präteritum	Perfekt
sein	vær	være	er	var	**har** været
haben	hav	have	har	havde	**har** haft
kommen	kom	komme	kommer	kom	**er** kommet
gehen	gå	gå*	går	gik	**har/er** gået

* Meist: Infinitiv = Wortstamm + **-e.**

Es gibt einige Ausnahmen: einsilbige Wörter, die auf einen Vokal enden. Hier gilt: Infinitiv = Wortstamm: se (sehen), gå (gehen), stå (stehen), bo (wohnen), få (bekommen).

PRÄSENS (GEGENWART)

Präsens: Infinitiv + **-r**. Im Gegensatz zum Deutschen gibt es keine zusätzlichen Personalendungen.

Singular	
jeg hedde**r**	ich heiße
du/De hedde**r**	du heißt/Sie heißen
han/hun hedde**r**	er, sie, es heißt

Plural	
vi hedder	wir heißen
I/De hedder	ihr heißt/Sie heißen
de hedder	sie heißen

Futur (Zukunft)

Es gibt drei Möglichkeiten Zukunft auszudrücken:

Präsens	I morgen går jeg i biografen. (Morgen gehe ich ins Kino.)
skal (Pläne und Verabredungen)	I morgen skal jeg i biografen. (Morgen werde ich ins Kino gehen.)
vil (Wünsche und Absichten)	I morgen vil jeg i biografen. (Morgen will ich ins Kino gehen.)

Präteritum (Vergangenheit)

Es gibt drei Gruppen: regelmäßige Verben + **-ede** (arbejd**ede** = arbeitete), regelmäßige Verben + **-te** (spis**te** = aß) sowie unregelmäßige Verben: **så** (sah). Auch beim Präteritum gibt es keine Personalformen.

Gebrauch: Bestimmter Zeitpunkt oder Zeitraum in der Vergangenheit, der abgeschlossen ist.

I torsdags arbejdede jeg over.	Letzten Donnerstag machte ich Überstunden.

Perfekt (vollendete Gegenwart)

Bildung: Hilfsverben har bzw. er + Partizip Perfekt. Die Verben der ersten regelmäßigen Gruppe haben die Partizipendung **-et** und die der zweiten regelmäßigen Gruppe die Endung **-t**: **har** arbejd**et** (habe gearbeitet ...), **har** spis**t** (habe gegessen ...), **har** set (habe gesehen ...). Eine Übersicht der wichtigsten unregelmäßigen Verben befindet sich auf S. 165.

Gebrauch: Der Zeitpunkt der Handlung ist nicht definiert; die Handlung dauert bis in die Gegenwart an oder die Handlung ist zwar abgeschlossen, hat aber Bedeutung für die Gegenwart.

Har du nogensinde set en dansk film i biografen?	Hast du jemals einen dänischen Film im Kino gesehen?

IMPERATIV (BEFEHLSFORM)

Imperativ = Wortstamm (ohne Zufügung von Endungen):

Hav det godt!	Machs gut!
Se her!	Sieh hier!

UNREGELMÄSSIGE VERBEN

	Infinitiv	Präsens	Präteritum	Perfekt
bitten	bede	beder	bad	har bedt
werden, bleiben	blive	bliver	blev	er blevet
trinken	drikke	drikker	drak	har drukket
finden	finde	finder	fandt	har fundet
verstehen	forstå	forstår	forstod	har forstået
bekommen	få	får	fik	har fået
geben	give	giver	gav	har givet
tun, machen	gøre	gør	gjorde	har gjort
gehen	gå	går	gik	har/er gået
haben	have	har	havde	har haft
heißen	hedde	hedder	hed	har heddet
helfen	hjælpe	hjælper	hjalp	har hjulpet
kommen	komme	kommer	kom	er kommet
können	kunne	kan	kunne	har kunnet
klingen	lyde	lyder	lød	har lydt

laufen	løbe	løber	løb	har/er løbet
dürfen, müssen	måtte	må	måtte	har måttet
rauchen	ryge	ryger	røg	har røget
sehen	se	ser	så	har set
sitzen	sidde	sidder	sad	har siddet
sagen	sige	siger	sagde	har sagt
sollen, müssen, werden	skulle	skal	skulle	har skullet
schlafen	sove	sover	sov	har sovet
fragen	spørge	spørger	spurgte	har spurgt
stehen	stå	står	stod	har stået
meinen, finden	synes	synes	syntes	har syntes
singen	synge	synger	sang	har sunget
setzen	sætte	sætter	satte	har sat
nehmen, fahren	tage	tager	tog	har/er taget
wissen	vide	ved	vidste	har vidst
wollen	ville	vil	ville	har villet
sein	være	er	var	har været

Syntax (Satzbau)

Im Dänischen sind die meisten Kasusbeugungen verschwunden. So kann man z. B. nicht erkennen, ob ein Nomen im Nominativ, Akkusativ oder Dativ steht. Um trotzdem entscheiden zu können, ob es sich bei Nomen um Subjekt oder Objekt handelt, gibt es eine feste Reihenfolge der Satzglieder in Haupt- und Nebensätzen.

Erläuterung der Felder im Haupt- und Nebensatzschema:

(1): Position 1	Meist Subjekt, ansonsten Satzglieder, die hervorgehoben werden sollen, dann rückt das Subjekt auf Position s (vgl. Inversion).
(v): Position v	Gebeugte Form des Verbs, z. B. im Präsens oder im Präteritum. Bei zusammengesetzten Verben das Hilfs- oder Modalverb (z. B. Perfekt: **hat**... gesagt, oder bei Modalverben: **kann, muss, soll, will, möchte** ... sagen).
(s): Position s	Subjekt, wenn nicht auf Position 1
(a): Position a	Satzadverbien
(V): Position V	Verben im Infinitiv oder Partizip Perfekt (vgl. Position v: z. B. Perfekt: hat ... **gesagt**, oder bei Modalverben: kann/muss/soll/will/möchte ... **sagen**).
(S): Position S	Indirekte und/oder direkte Objekte
(A): Position A	Bestimmungen des Ortes und/oder der Zeit.
(k): Position k	Nur im Nebensatzschema: Position der Nebensatzkonjunktionen.

HAUPTSATZSCHEMA

Aussagen

1	v	s	a	V	S	A
Hun	hedder				Lone.	
Sie	heißt				Lone.	
Hun	læser		tit		ein bog	om aftenen.
Sie	liest		oft		ein Buch	abends.
Sandra	har		aldrig	været		i København.
Sandra	ist		nie	gewesen		in Kopenhagen.
Lene	kan		godt	lide	at gå	på café i weekenden.
Lene	kann		gut	leiden	zu gehen	ins Café am Wochenende.

W-Fragen

1	v	s	a	V	S	A
Hvad	hedder	du?				
Wie	heißt	du?				
Hvad	skal	du		have?		
Was	möchtest	du		haben?		

Ja-Nein-Fragen

1	v	s	a	V	S	A
	Skal	vi	ikke	tage		til Ribe i weekenden?
	Sollen	wir	nicht	fahren		nach Ribe am Wochenende?
	Kan	du	godt	lide	at synge?	
	Kannst	du	gut	leiden	zu singen?	

Inversion

1	v	s	a	V	S	A
Så	tager	jeg	også		en øl.	
Dann	nehme	ich	auch		ein Bier.	
Så	kan	jeg		kigge	på slottet.	
Dann	kann	ich		anschauen	das Schloss.	
I weekenden	skal	de	ikke	tage		til Ribe.
Am Wochenende	werden	sie	nicht	fahren		nach Ribe.

Bildtafeln zum Zeigen

Von A bis Z
Deutsch-Dänisch

Hinweis: Bei unregelmäßigen Verben werden neben dem Infinitiv noch die 1. Person Singular Imperfekt und das Partizip angegeben. Bei Adjektiven wird die Grundform ohne Endungen angegeben. Bei neutralen Nomen wird der Genus vermerkt. Ein Nomen ohne Genusangabe ist gemeinsamen Geschlechts.

A

ab fra [fra]

Abend aften ['aftən], Guten Abend! God aften! [go 'aftən], heute Abend i aften [i 'aftən], zu Abend essen spise aftensmad ['spi:sə 'aftənsmað]

Abendessen *(Abendbrot)* aftensmad ['aftənsmað], *(warmes Abendessen)* middag ['mida]

abends om aftenen [ɔm 'aftənən]

aber men [men]

abfahren rejse væk ['rɑisə wek]

Abfahrt afgang ['ɑugaŋ]

abfliegen flyve væk ['flüwə vek] <fløj, fløjet>

Abflug afgang ['ɑugaŋ]

abheben *(Geld vom Konto)* hæve ['häwə], *(Flugzeug vom Boden)* lette ['letə]

abholen hente ['hentə]

Absender, **Absenderin** afsender ['ɑusenər]

absolut absolut [absɔ'lut]

Achtung! *(Vorsicht!)* Forsigtig! [for'sigti], *(Aufgepasst!)* Pas på! [pas pɔu]

Adapter adapter [a'daptər]

addieren addere [a'derə], etw. zu etw. addieren lægge noget sammen med noget ['legə 'nouət 'samən með 'nouət] <lagde, lagt>, Zahlen/alles addieren tælle tal/alt sammen ['telə täl alt 'samən] <talte, talt>

Adresse adresse [a'dresə]

Aids aids [äds]

Akku akkumulator [akumu'lätor]

Alkohol alkohol ['alkɔhol]

alkoholfrei alkoholfri ['alkɔholfri]

alle alle ['alə], *(jeder einzelne)* enhver [en'wer]

allein alene [a'länə]

Allergie allergi [aler'gi]

Allgemeinmediziner, **Allgemeinmedizinerin** praktiserende læge [prakti'serənə 'läjə]

als *(zeitlich)* da [da], *(nach einem Komparativ)* end [en]

also *(gefolgt von einer Erläuterung)* altså ['alsə], *(gefolgt von einem Nebensatz)* derfor ['derfor]

alt gammel ['gaməl]

Alter alder ['alər]

Ameise myre ['mürə]
Ampel lyskurv ['lüskurw]
amüsant morsom ['morsɔm]
an *(Angabe einer Lage oder Position)* på [pou̯], am Strand på stranden [pou̯ 'stranən], an der Wand på væggen [pou̯ 'wägən], etw. an die Wand lehnen læne noget mod væggen ['länə 'nou̯ət moð 'wägən], an der Kreuzung links abbiegen dreje til venstre ved krydset ['drai̯ə til 'wenstrə weð 'krüsət], *(Angabe eines Adressats)* an das Hotel til hotellet [til ho'telət]
anbieten tilbyde ['tilbüðə] <tilbød, tilbudt>
anderer, andere, anderes anden ['anən], ○ andet ['anət]
anders *(abweichend)* anderledes ['anərleðəs], *(verschieden)* forskelligt [for'skeligt]
Anfahrtsbeschreibung beskrivelse af kørslen [bə'skriwəlsə a 'körslən]
Anfang begyndelse ['bəgünəlsə], am Anfang i begyndelsen [i bə'günəlsən], Anfang Mai i begyndelsen af maj [i bə'günəlsən a 'mai̯]
anfangen begynde [bə'günə]
Angebot *(Auswahl)* udvalg ['uðwal] *n.*, *(Sonderangebot)* særtilbud ['sertilbuð] *n.*
ankommen ankomme ['ankɔmə] <ankom, ankommet>
Ankunft ankomst ['ankɔmst]

anmelden melde ['melə], sich anmelden melde sig ['melə sai̯], *(für einen Kurs)* tilmelde sig ['tilmelə sai̯], *(für eine Schule)* indmelde sig ['inmelə sai̯]
Anruf opringning ['ɔpringning]
anrufen ringe op ['ringə ɔp]
Anschluss *(auf Reisen)* forbindelse [for'binəlsə]
Anschlussflug forbindelsesfly [for'binəlsəsflü] *n.*
Anspitzer blyantspidser ['blüantspisər]
Antibiotika antibiotika [antibi'otika]
Antrag ansøgning ['ansöning]
Antwort svar [swar] *n.*
antworten svare ['swarə]
anzahlen betale en forudbetaling [bə'tälə e:n 'foruðbətäling]
Anzahlung forudbetaling ['foruðbətäling]
Anzeige *(Annonce)* annonce [a'nongsə], *(Strafanzeige)* anmeldelse ['anmeləlsə], Anzeige gegen jdn erstatten melde nogen til politiet ['melə nou̯ən til pɔli'tiət]
Anzug jakkesæt ['jakəset] *n.*
Apfel æble ['ä:blə] *n.*
Apotheke apotek [apo'täk] *n.*
April april [a'pril]
Arbeit arbejde ['arbai̯də] *n.*, *(Arbeitsstelle)* stilling ['stiling]
arbeiten arbejde ['arbai̯də]
Arbeitserlaubnis arbejdstilladelse ['arbai̯dstiläðəlsə]
arm fattig ['fati]

Arm arm [arm]
Armbanduhr armbåndsur
   ['armbɔnsur] *n.*
Arzt, **Ärztin** læge ['läjə]
Aschenbecher askebæger
   ['askəbäjər] *n.*
auch også ['ɔsə], auch nicht heller
   ikke ['helər 'ikə], Er spricht auch
   kein Dänisch. Han taler heller
   ikke dansk. [han 'tälər 'helər 'ikə
   dansk]
auf på [pɔu̯], Die Zeitung liegt auf
   dem Tisch. Avisen ligger på bor-
   det. [a'wisən 'ligər pɔu̯ 'borət]
Aufenthalt ophold ['ɔphɔl] *n.*, *(Zwi-
   schenstopp)* ophold undervejs
   ['ɔphɔl 'unərwai̯s]
aufhören holde op ['hɔlə ɔp]
   <holdt, holdt>
aufstehen stå op [stɔu̯ ɔp] <stod,
   stået>
Auge øje ['ɔi̯jə] *n.*
August august [au̯'gust], im
   August i august [i au̯'gust]
aus *(von einem Ort)* fra [fra], Ich
   bin aus Leipzig. Jeg er fra Leip-
   zig. [jai̯ er fra lai̯psig], *(zeitlich:
   vorbei)* forbi [for'bi], Das Spiel ist
   aus. Spillet er forbi. ['spilət er
   for'bi]
Ausdruck *(vom Computer)*
   udskrift ['uðskrift], *(auf Papier)*
   aftryk ['au̯trük] *n.*, *(Miene, Phrase)*
   udtryk ['uðtrük] *n.*
ausdrucken *(vom Computer)*
   udskrive ['uðskri:wə] <udskrev,
   udskrevet>, *(auf Papier)* aftrykke
   ['au̯trükə]

ausdrücken udtrykke ['uðtrükə]
Ausfahrt udkørsel ['uðkörsəl]
Ausflug udflugt ['uðflugt]
ausfüllen udfylde ['uðfülə]
Ausgang udgang ['uðgaŋ]
ausgebucht fyldt op [fült ɔp]
Auskunft oplysning ['ɔplüsniŋ]
ausmachen *(ausschalten)* slukke
   ['slukə]
Ausschlag udslæt ['uðslet] *n.*
aussehen se ud [se: uð] <så, set>
aussteigen stige ud ['sti:ə uð]
   <steg, steget>
Ausweis legitimationskort
   ['legitimasionskort] *n.*, *(um eine
   Mitgliedschaft nachzuweisen)*
   medlemskort ['meðlemskort] *n.*
Auto bil [bi:l]
Autobahn motorvej ['motorwai̯]
Autobahnauffahrt motorvejstil-
   kørsel ['motorwai̯stilkörsəl]
Automat automat ['au̯tomät],
   (Geldautomat) pengeautomat
   ['pengəau̯tomät]
automatisch automatisk
   [au̯to'mätisk]

B

Baby baby ['bäbi]
Babyfläschchen sutteflaske
   ['sutəflaskə]
Babynahrung babymad
   ['bäbimað]
Babypuder babypudder
   ['bäbipuðər] *n.*
Bach bæk [bek]

Bäcker, Bäckerin bager ['bäjər], beim Bäcker hos bageren [hos 'bäjərən]

Bäckerei bageri [bäjə'ri] *n.*

Bad bad [bað] *n.*

baden bade ['bädə]

Badewanne badekar ['bädəkar] *n.*

Bahn *(Zug)* tog [to̯u] *n.*, *(Institution)* bane ['bänə]

Bahnhof banegård ['bänəgo̯ur]

Bahnsteig perron [pä'rɔŋ]

bald snart [snart]

Balkon *(Hausvorbau)* altan [al'tän], *(im Theater)* balkon [bal'kɔŋ]

Ball bold [bɔlt]

Banane banan [ba'nän]

Bank *(Finanzinstitut)* bank [bank], *(Sitzmöbel)* bænk [benk]

Bankleitzahl bankidentifikationskode ['bankidentifikasionskoðə]

bar in bar kontant [kɔn'tant]

Bargeld kontanter [kɔn'tantər] *Pl.*

Bart skæg [skäg] *n.*

Batterie batteri [batə'ri] *n.*

Bauch mave ['mäwə]

Baum træ [trä] *n.*

bedeuten betyde [bə'tüðə] <betød, betydet>

beginnen begynde [bə'günə]

behalten *(nicht weggeben)* beholde [bə'hɔlə], *(nicht vergessen)* huske ['huskə]

behindert handikappet ['handikapət]

Behinderter, Behinderte handikappet person ['handikapət per'son]

Behindertenausweis legitimationsbevis for handikappede ['legitimasionsbəwi:s for 'handikapəðə] *n.*

behindertengerecht egnet for handikappede [a̯inət for 'handikapəðə]

bei *(in der Nähe von)* ved [weð], *(gleich daneben)* lige ved ['liə weð], *(bei Personen)* hos [hɔs]

beide begge ['begə]

Bein ben [be:n] *n.*

bekommen få [fo̯u] <fik, fået>

benutzen bruge ['bruə]

Berg bjerg [bje̯au] *n.*

Beruf erhverv [er'werw] *n.*

Beschwerde klage ['kläjə]

beschweren klage ['kläjə], sich beschweren beklage sig ['bəkläjə sa̯i]

besetzt optaget ['ɔptäət]

besser bedre ['beðrə]

Besserung bedring ['beðriŋ], Gute Besserung! God bedring! [goð 'beðriŋ]

bestätigen bekræfte [bə'kreftə]

Bestätigung bekræftelse [bə'kreftəlsə]

bestellen bestille [bə'stilə]

besuchen besøge [bə'söə]

Betrug bedrageri [bədra̯uə'ri] *n.*

Bett seng [seŋ], ins Bett gehen gå i seng [go̯u i seŋ]

Bettbezug dynebetræk ['dünəbətrek] *n.*

Bettdecke dyne ['dünə]

Bettlaken lagen ['läjən] *n.*

Bettzeug sengetøj ['seŋətɔ̯i] *n.*

bezahlen betale [bə'tälə]
Bier øl [öl] *n.*
Bild billede ['biləðə] *n.*, *(gemalt)* maleri [mälə'ri] *n.*
billig billig ['bili]
bio... økologisk [ökɔ'logisk]
Birne pære ['pärə]
bis indtil ['intil], bis Bremen til Bremen [til 'brämən]
bisschen smule ['smulə], ein bisschen en smule [e:n 'smulə], kein bisschen ingen smule ['iŋən 'smulə]
bitte *(wenn man etwas möchte)* vær så venlig [wär sɔ 'wenli], *(wenn man etwas anbietet)* værsgo [wärs'go], *(Antwort auf Danke: Bitte schön!)* selv tak [sel tak], Wie bitte? Hvad behager? [wað bə'har]
Bitte anmodning ['anmoðniŋ]
bitten bede ['be:ðə] <bad, bedt>, jdn um etw. bitten bede nogen om noget ['be:ðə 'nɔuən ɔm 'nɔuət]
bitter bitter ['bitər]
Blase *(Organ)* blære ['blärə], *(am Fuß)* vable ['wäblə], *(Lufteinschluss)* boble ['bɔblə]
Blatt blad [blað] *n.*
Blätterteig butterdej ['butərdai]
blau blå [blɔu]
bleiben blive ['bliwə] <blev, blevet>
bleifrei blyfri ['blüfri]
Bleistift blyant ['blüant]
blind blind [blin]

Blindenhund førerhund ['förərhun]
Blume blomst ['blɔmst]
Blumenladen blomsterforretning ['blɔmstərforetniŋ]
Bluse bluse ['blusə]
Blut blod [bloð] *n.*
Boot båd [bɔuð]
brauchen have brug for ['häwə bru for] <havde, haft>
braun brun [bru:n]
breit bred [breð]
Breite bredde ['breðə]
Bremse bremse ['bremsə]
bremsen bremse ['bremsə]
Brief brev [breu] *n.*
Briefmarke frimærke ['frimerkə] *n.*
bringen *(hinbringen)* tage ['täjə] <tog, taget>, Können Sie mich zum Bahnhof bringen? Kan du tage mig med til banegården? [kan du ta mai með til 'bänəgourən], *(mitbringen)* bringe ['briŋə] <bragte, bragt>
Bronchitis bronkitis [brɔn'kitis]
Brot brød [bröð] *n.*
Bruder bror [bror]
Brust bryst [brüst] *n.*, *(Busen)* barm [barm]
Buch bog [bou]
buchen bestille [bə'stilə]
Buchstabe bogstav ['boustäw] *n.*
buchstabieren stave ['stäwə]
Bucht bugt [bugt]
Buchung bestilling [bə'stiliŋ]
Büro kontor [kɔn'tor] *n.*
Bus bus [bus], *(Reisebus)* rutebil ['rutəbi:l]

Busbahnhof busstation
['busstasion]
Bushaltestelle busstoppested
['busstɔpəsteð] *n.*
Bußgeld bøde ['böðə]
Butter smør [smör] *n.*

C

Café café [ka'fä]
campen kampere [kam'perə]
Campingplatz campingplads
['kampingplas]
CD CD [sä dä]
Cent cent [sent]
Chance chance ['schangsə]
Chef, Chefin chef [schäf]
christlich kristelig ['kristəli]
Cola cola ['kola]
Computer computer [kɔm'piutər]
Cousin, Cousine ♂ fætter ['fetər],
♀ kusine [ku'sinə]
Creme creme [kräm]

D

da *(zu einem bestimmten Zeit-*
punkt in der Vergangenheit) da
[da], *(in dem Moment)* dengang
['dengang], *(weil)* fordi [for'di],
(dort) der [der]
Dach tag [tä:] *n.*
Dame dame ['dämə]
Damenbinde hygiejnebind
['hügiainəbin] *n.*
Damentoilette *(Aufschrift)* Damer
['dämər]
daneben *(neben einer Sache)* ved
siden af den/det [weð 'siðən a
dən dä], *(neben einer Person)*

ved siden af ham/hende [weð
'siðən a ham 'henə], (Da ist
Peter.) Wer sitzt daneben? (Der
er Peter.) Hvem sidder ved
siden af ham? [(der er 'pätər)
wem 'siðər weð 'siðən a ham]
Däne, Dänin dansker ['danskər]
Dänemark Danmark ['danmark] *n.*
dänisch dansk [dansk]
Dank tak [tak], Vielen Dank!
Mange tak! ['mangə tak]
danke tak [tak]
danken takke ['takə]
dann *(zeitlich)* derefter [der'eftər],
(eine Konsequenz ausdrückend)
så [sɔ]
das den [dən], ○ det [dä]
→*Kurzgrammatik S. 155*
dass at [at]
Datum dato ['däto]
Daumen tommelfinger
['tɔməlfingər]
Decke tæppe ['tepə] *n.*
defekt mangelfuld ['mangəlful]
dein, deine din [din], ○ dit [dit]
→*Kurzgrammatik S. 159*
denken tænke ['tenkə]
denn fordi [for'di]
der, die, das den [dən], ○ det [dä]
→*Kurzgrammatik S. 155*
deutsch tysk [tüsk]
Deutscher, Deutsche tysker
['tüskər]
Deutschland Tyskland ['tüsklan] *n.*
Dezember december [dä'sembər]
Diät diæt [di'ät]
dich dig [dai]
→*Kurzgrammatik S. 158*

dick tyk [tük]

die den [dən], ○ det [dä], Pl. de [di] →*Kurzgrammatik S. 155*

Dienstag tirsdag ['tirsda]

dies dette ['detə]

dieser, diese, dieses den/det her [dən/dä her], *(wenn das Objekt vom Sprecher weiter entfernt ist)* den/det der [dən/dä der]

Ding ting [tiŋ]

Diphtherie difteritis ['diftəritis]

direkt direkte [di'rektə]

Direktflug direkte fly [di'rektə flü] *n.*

dolmetschen tolke ['tɔlkə]

Dolmetscher, Dolmetscherin tolk [tɔlk]

Dom domkirke ['dɔmkirkə]

Donnerstag torsdag ['torsda]

doppelt dobbelt ['dɔbəlt]

Doppelzimmer dobbeltværelse ['dɔbəltwärəlsə] *n.*

Dorf landsby ['lansbü]

dort der [der], dort drüben der-ovre [der'ourə]

Dose dåse ['dousə]

draußen udenfor ['uðənfor]

drinnen indenfor ['inənfor]

Drittel tredjedel ['treðjəde:l]

drücken trykke ['trükə]

Drucker printer ['printər]

du du [du] →*Kurzgrammatik S. 158*

dunkel mørk [mörk]

durch *(räumlich)* gennem ['genəm], eine Reise mit dem Zug durch Jütland en rejse med toget gennem Jylland [e:n 'raisə með 'touət 'genəm 'jülan], durch den Fluss schwimmen svømme over floden ['swömə 'ouər 'floðən]

Durchsage meddelelse ['meðde:ləlsə]

dürfen måtte ['mɔtə] <måtte, måttet>, Das darf man nicht. Det må man ikke. [dä mou man 'ikə]

Durst tørst [törst], Durst haben være tørstig ['wärə 'törsti]

Dusche bruser ['brusər]

duschen tage brusebad [ta 'brusəbað] <tog, taget>

E

EC-Karte EC-kort [ä sä kɔrt] *n.*

Ehe ægteskab ['egtəskäb] *n.*

Ehefrau kone ['konə]

Ehemann mand [man]

Ehepaar ægtepar ['egtəpar] *n.*

Ei æg [eg] *n.*

eigener, eigene, eigenes egen ['aiən], ○ eget ['aiət]

eilig hastig ['hasti], Ich habe es eilig. Det haster. [dä 'hastər]

ein, eine *(unbestimmter Artikel)* en [e:n], ○ et [et]

einfach *(ohne Mühe)* let [let], einfache Fahrt enkeltrejse ['enkəltraisə]

Eingang indgang ['ingaŋ]

einkaufen købe ind ['kö:bə in]

Einkaufszentrum indkøbscenter ['inköbssentər] *n.*

einladen indbyde ['inbüðə] <indbød, indbudt>

Einladung indbydelse ['inbüðəlsə]

einlösen *(Scheck, Gutschein)* ind-
løse ['inlösə]
einmal en gang [eːn gang]
einpacken pakke ind ['pakə in]
Einreise indrejse ['inraisə]
einreisen rejse ind ['raisə in]
einsteigen stige ind ['stiə in]
<steg, steget>
Einweg... engangs... ['eːngangs]
Einzelzimmer enkeltværelse
['enkeltwärəlsə] *n.*
Eis is [iːs]
Eisbahn skøjtebane ['skɔitəbänə]
Eislaufen skøjteløb ['skɔitəlöb] *n.*
Eisstadion isstadion ['iːsstadion] *n.*
Eltern forældre [for'eldrə]
E-Mail e-mail ['iːmäl]
Empfänger, **Empfängerin** modta-
ger ['moðtäər]
empfehlen anbefale ['anbəfälə]
Ende slutning ['slutning]
England England ['englan] *n.*
Engländer, **Engländerin** englæn-
der ['englenər]
englisch engelsk ['engəlsk]
entgräten fjerne ben ['fjernə beːn]
entschuldigen undskylde
['unskülə], jdn entschuldigen
undskylde nogen ['unskülə
'nouən], sich entschuldigen und-
skylde sig ['unskülə sai]
Entschuldigung undskyldning
['unskülning], Entschuldigung!
Undskyld! ['unskül]
entspannen slappe af ['slapə ä]
entwickeln udvikle ['uðwiklə],
(Film) fremkalde ['fremkalə]

Entwicklung udvikling
['uðwikling], *(Film)* fremkaldelse
['fremkaləlsə]
er han [han]
→*Kurzgrammatik S. 158*
Erdbeere jordbær ['jorbär] *n.*
Erdgeschoss stueetage
['stuəetäschə]
erklären forklare [for'klarə]
erlauben tillade ['tiläðə]
Ermäßigung nedsættelse
['neðsetəlsə]
erster, **erste**, **erstes** første
['förstə]
erwachsen voksen ['wɔksən]
Erwachsener, **Erwachsene** vok-
sen ['wɔksən]
erzählen fortælle [for'telə]
<fortalte, fortalt>
es det [dä] →*Kurzgrammatik S. 158*
essen spise ['spiːsə], zum Essen
ausgehen gå ud at spise [gou uð
at 'spiːsə]
Essig eddike ['eðkə]
Etage etage [e'täschə], 1. Etage
første sal ['förstə säl]
Etikett etikette [eti'ketə]
euch *(reflexiv)* jer [jer]
→*Kurzgrammatik S. 158*
euer, **eure** jeres ['jerəs]
→*Kurzgrammatik S. 159*
Euro euro ['ɔiro]
Europa Europa [ɔi'ropa] *n.*
Europäer, **Europäerin** europæer
[ɔiro'päər]
europäisch europæisk [ɔiro'päisk]

F

Fabrik fabrik [fa'brik]
Fahne fane ['fänə]
Fähre færge ['färjə]
fahren køre ['körə]
Fahrer, **Fahrerin** chauffør
[scho'för]
Fahrkarte billet [bi'let]
Fahrkartenautomat billetautomat
[bi'letautomät]
Fahrplan køreplan ['körəplän]
Fahrrad cykel ['sükəl]
Fahrt *(im Auto)* køretur ['körətur],
(Strecke) rejse ['raisə]
Fahrzeugschein registreringsat-
test ['registreringsatest]
fallen falde ['falə] <faldt, faldet>,
etw. fallen lassen tabe noget
['täbə 'nouət] <tabte, tabt>
falsch forkert [for'kert]
Familie familie [fa'miliə]
familienfreundlich familievenlig
[fa'miliəwenli], Wir sind familien-
freundlich. Familier er velkomne.
[fa'miliər er 'welkɔmnə]
Familienname efternavn
['eftərnaun] *n.*
Familienstand ægteskabelig stil-
ling ['egtəskäbli 'stiling]
Farbe farve ['farwə]
Fass tønde ['tönə], vom Fass fra
fad [fra fað]
fast næsten ['nestən]
Fax fax [faks]
faxen faxe ['faksə]
Faxnummer faxnummer
['faksnumər] *n.*

Februar februar ['februar]
fehlen mangle ['manglə], Eine Per-
son fehlt noch. En person mang-
ler endnu. [e:n per'son manglər
e'nu]
Fehler fejl [fail]
Feier fest [fest]
Feiertag *(religiöser Feiertag)* hellig-
dag ['helidä], *(nichtreligiöser Fei-
ertag)* fridag ['fridä]
Feld mark [mark]
Fels klippe ['klipə]
Fenster vindue ['windu] *n.*
Ferien ferie ['feriə]
Ferienhaus feriehus ['feriəhus] *n.*
Fernglas kikkert ['kikərt]
fernsehen se fjernsyn [se:
'fjernsün] <så, set>
Fernsehen fjernsyn ['fjernsün] *n.*
fertig færdig ['ferdi]
Fertiggericht færdigret ['ferdiret]
Festland fastland ['fastlan] *n.*
Feuer ild [il]
Feuerzeug lighter ['laitər]
Fieber feber ['fäbər]
Film film [film]
finden etw./jdn finden finde
noget/nogen ['finə 'nouət/
'nouən] <fandt, fundet>, *(beurtei-
len)* gut finden synes om ['sünəs
ɔm], Wie findest du ...? Hvordan
synes du om ... ? [wor'dan
'sünəs du ɔm]
Finger finger ['fingər]
Firma firma ['firma] *n.*
Fisch fisk [fisk]
Fischstäbchen fiskefinger
['fiskəfingər]

flach flad [fläð]
Flasche flaske ['flaskə]
Flaschenöffner flaskeåbner ['flaskəɔubnər]
Fleisch kød [köð] *n.*
Fleischer, Fleischerin slagter ['slagtər]
Fleischerei slagteri [slagtə'ri] *n.*
fliegen flyve ['flüwə] <fløj, fløjet>
Flug fly [flü] *n.*
Flughafen lufthavn ['lufthaun]
Flugzeug flyvemaskine ['flüwəmaskinə]
Fluss flod [flo:ð]
Form form [form]
Formular formular [formu'lar], ein Formular ausfüllen udfylde en formular ['uðfülə e:n formu'lar]
Foto foto ['foto] *n.*
fotografieren fotografere [fotogra'ferə]
Frage spørgsmål ['spörsmoul] *n.*
fragen spørge ['spörə] <spurgte, spurgt>
Frankreich Frankrig ['frankri] *n.*
französisch fransk [fransk]
Frau kvinde ['kwinə], *(Anrede für verheiratete Frau)* fru [fru], *(Anrede für ledige Frau)* frøken ['frökən], *(Ehefrau)* kone ['konə]
frei fri [fri]
Freitag fredag ['freda]
Freizeit fritid ['fritið]
fremd fremmed ['freməð]
Fremdenverkehrsbüro turistinformationsbureau [tu'ristinformasionsbüro] *n.*

freuen glæde ['glädə], sich freuen glæde sig ['glädə sai], sich über etw. freuen glæde sig over noget ['glädə sai 'ɔuər 'nouət]
Freund, Freundin ♂ ven [wen], ♀ veninde [we'ninə], *(Partner(in))* kæreste ['kärəstə]
Friseur, Friseurin frisør [fri'sör]
früh tidlig ['tiðli]
früher *(zeitiger)* tidligere ['tiðliərə], Gibt es einen früheren Flug? Er der et tidligere fly? [er der et 'tiðliərə flü], *(einst)* i fortiden [i 'fortiðən]
Frühling forår ['forour] *n.*
Frühstück morgenmad ['morənmað]
frühstücken spise morgenmad ['spi:sə 'morənmað]
führen lede ['läðə]
Führerschein kørekort ['körəkort] *n.*
Fünen *(dänische Insel zwischen Jütland und Seeland)* Fyn [fün]
für for [for], *(für jemanden bestimmt)* Das ist für dich. Den er til dig. [dən er til dai], *(um einen Bezug herzustellen)* Er ist groß für sein Alter. Han er stor af sin alder. [han er stor a sin 'alər]
Fuß fod [foð]
Fußball fodbold [foðbolt]

G

Gabel gaffel ['gafəl]
Garage garage [ga'rarschə]
Garten have ['häwə]

Gärtner, Gärtnerin gartner ['gartnər]

Gas gas [gas]

Gast gæst [gest]

Gebäude bygning ['bügning]

geben give ['giwə] <gav, givet>

Gebirge bjergkæde ['bjeaukäðə]

geboren født [föt], Wann sind Sie geboren? Hvornår er du født? [wor'nour er du föt]

Geburtsdatum fødselsdato ['föðsəlsdäto]

Geburtsort fødested ['föðəsteð] n.

Geburtstag fødselsdag ['föðsəlsdä], Herzlichen Glückwunsch zum Geburtstag! Hjertelig til lykke med fødselsdagen! ['jertəli til 'lükə með 'föðsəlsdäən]

Gedeck kuvert [ku'wert]

gefährlich farlig ['farli]

gefallen behage ['bəhäjə]

Gefängnis fængsel ['fengsəl] n.

gegen (Ablehnung ausdrückend) imod [i'moð], (ungefähr) henimod ['henimoð], gegen 20 Uhr henimod klokken 20 ['henimoð 'kloken 'tüwə]

Gegend egn [ain]

gehen (sich fortbewegen) gå [gou] <gik, gået>, Mir geht es (nicht) gut. Jeg har det (ikke) godt. [jai har dä 'ikə got], (funktionieren) virke ['wirkə], Das Radio geht nicht. Radioen virker ikke. ['radioən 'wirkər 'ikə]

gehören tilhøre ['tilhörə]

gelb gul [gul]

Geld penge ['pengə] Pl.

Geldschein pengeseddel ['pengəseðəl]

Gemüse grøntsager ['gröntsäjər] Pl.

gemütlich hyggelig ['hügəli]

genau akkurat [aku'ra:t]

Gepäck bagage [ba'gä:sche]

gerade lige ['liə]

geradeaus lige ud ['liə uð]

Gericht (Mahlzeit oder Rechtsinstanz) ret [ret]

gern gerne ['gernə]

Geschäft forretning [for'retning]

Geschenk gave ['gäwə]

geschieden skilt [skilt]

Geschmack smag [smä]

Gesicht ansigt ['ansigt] n.

Gespräch samtale ['samtälə]

gestern i går [i gour]

gesund rask [rask]

Gesundheit sundhed ['sunheð], Gesundheit! Prosit! ['prosit]

Getränk drik [drik]

Gewicht vægt [wegt]

Gift gift [gift]

giftig giftig ['gifti]

Glas glas [glas] n.

glauben tro [tro]

gleich (sofort) straks [straks], (übereinstimmend) samme ['samə]

Gleis (Schiene) spor [spor] n., (Bahnsteig) perron ['perong]

Gleitschirmfliegen paragliding ['paraglaiding]

Glück (zufriedener Zustand) lykke ['lükə], (zufallsbedingter Erfolg) held [hel], Glück haben være heldig ['wärə 'heldi] <var, været>

glücklich *(zufrieden)* lykkelig ['lükəli], *(zufallsbedingt)* heldig ['heldi]

Golf golf [gɔlf]

Golfplatz golfbane ['gɔlfbänə]

Grad grad [grað]

Gramm gram [gram] *n.*

Gräte fiskeben ['fiskəbe:n] *n.*

gratulieren gratulere [gratu'lerə]

grau grå [grɔu]

Grönland Grønland ['grönlan] *n.*

Grönländer, **Grönländerin** grønlænder ['grönlenər]

grönländisch grønlandsk ['grönlansk]

groß stor [stor], *(hochgewachsen)* høj [hɔi]

Großbritannien Storbritannien ['storbritaniən]

Größe størrelse ['störəlsə]

Großeltern bedsteforældre ['bestə for'eldrə]

Großmutter bedstemor ['bestəmor], *(Mutter der Mutter)* mormor ['mormor], *(Mutter des Vaters)* farmor ['farmor]

Großvater bedstefar ['bestəfar], *(Vater der Mutter)* morfar ['morfar], *(Vater des Vaters)* farfar ['farfar]

grün grøn [grön]

Gruß hilsen [hilsən], Schöne Grüße an ...! De bedste hilsener til ... ! [di 'bestə 'hilsənər til]

grüßen hilse ['hilsə], Grüß ... von mir! Hils ... fra mig! [hils ... fra mai]

gültig gyldig ['güldi]

Gurke agurk [a'gurk], *(klein und eingemacht)* lille sylteagurk ['lilə 'sültəagurk]

gut *(Adjektiv)* god [goð], *(Adverb)* godt [gɔt], Gut gemacht! Godt gjort! [gɔt gjort]

H

Haar hår [hour] *n.*

haben have ['häwə] <havde, haft>, Hast du Lust? Har du lyst? [har du lüst], Ich habe es gemacht. Jeg har gjort det. [jai har gjort dä]

Hähnchen kylling ['küliŋ]

halb halv [hal], halb drei halv tre [hal tre:]

halber, **halbe**, **halbes** halv [hal], ○ halvt [halt], ein halbes Kilo et halvt kilo [et halt 'kilo]

Halbpension halvpension ['halpaŋsion]

Hälfte halvdel ['halde:l]

hallo *(Grußwort)* hej [hai], *(am Telefon)* hallo ['halo]

Hals hals [hals], *(vorn)* strube ['strubə], *(hinten)* nakke ['nakə]

halten holde ['hɔlə]

Hand hånd [hɔn]

Handschuh handske ['hanskə]

Handtuch håndklæde [hɔnklädə] *n.*

Handy mobiltelefon [mo'biltelefon]

Hauptspeise hovedret ['howəðret]

Haus hus [hus] *n.*, zu Hause hjemme ['jemə], nach Hause hjem [jem]

Haustier husdyr ['husdür] *n.*

Hauswein husvin ['huswi:n]
heiraten gifte sig med ['giftə sai̯ með]
heiß hed [heð]
heißen hedde ['heðə] <hed, heddet>, Wie heißen Sie? Hvad hedder du? [wa̪ð 'heðər du]
helfen hjælpe ['jelpə] <hjalp, hjulpet>
hell lys [lüs]
Hemd skjorte ['skjortə]
Hepatitis hepatitis [hepa'titis]
Herbst efterår ['eftərou̯r] *n.*
Herd komfur [kɔm'fur] *n.*
Herr *(Anrede)* Her [her], *(auf Briefumschlag)* Hr. [her], *(höflich für ,Mann')* herre ['herə]
Herrentoilette *(Aufschrift)* Herrer ['herə]
heute i dag [i dä], heute Nacht i nat [i nat]
hier her [her], hier entlang denne vej ['denə wai̯]
Hilfe hjælp [jelp], Erste Hilfe førstehjælp ['förstəjelp]
Himbeere hindbær ['hinbär] *n.*
hinten *(weiter weg liegend)* bagved ['bäweð], *(auf der rückwärtigen Seite)* bagpå ['bäpou̯]
hinter bag [bä]
hoch høj [hɔi̯]
Hochglanz højglans [hɔi̯glans]
Hochstuhl høj barnestol [hɔi̯ 'barnəsto:l]
Höhe højde ['hɔi̯də]
Höhle hule ['hu:lə]
holen hente ['hentə]

homosexuell homoseksuel ['homoseksuel]
Honig honning ['hɔniŋ]
hören høre ['hörə], *(zuhören)* lytte ['lütə]
Hose bukser ['buksər] *Pl.*, kurze Hose korte bukser ['kortə 'buksər] *Pl.*
Hotel hotel [ho'tel] *n.*
Hüfte hofte ['hɔftə]
Huhn høne ['hönə]
Hund hund [hun]
Hunger sult [sult], Hunger haben være sulten ['wärə 'sultən]
hungrig sulten ['sultən]
Husten hoste ['hostə]
Hustensaft hostesaft ['hostəsaft]

I

ich jeg [jai̯] →*Kurzgrammatik S. 158*
Idee idé [i'de:]
ihr *(Personalpronomen)* I [i] →*Kurzgrammatik S. 158*
ihr, ihre *(einem weiblichen Subjekt zugeordnet)* sin [si:n], ○ sit [sit], Pl. sine ['sinə], Petra liest ihr (eigenes) Buch. Petra læser sin bog. ['pätra 'läsər si:n bou̯], *(einer anderen Frau gehörend)* hendes ['henəs], Petra liest ihr (Andreas) Buch. Petra læser hendes bog. ['pätra 'läsər 'henəs bou̯], *(einem nicht-menschlichen Nomen zugeordnet)* dens [dens], ○ dets [des], die Blume und ihre Blätter blomsten og dens blade ['blɔmstən o dens 'blädə], *(mehreren Subjekten zugeordnet)* deres ['derəs], Petra

und Thomas holen ihr Auto.
Petra og Thomas henter deres
bil. ['pätra o 'tomas hentər 'derəs
bi:l] →*Kurzgrammatik S. 159*

Ihr, Ihre *(einer Person in der
Höflichkeitsform zugeordnet)*
Deres ['derəs]
→*Kurzgrammatik S. 159*

immer altid ['altið], immer noch
stadig væk ['staði wek]

Impfpass vaccinationsattest
['waksinasionsatest]

in i [i]

Information information
[informasi'on], *(Stelle im Flugha-
fen usw.)* informationsdisk
[informasi'onsdisk]

innen indeni ['inəni]

innerhalb *(zeitlich)* inden for
['inən for], *(räumlich)* inden i
['inən i]

Insekt insekt [in'sekt] *n.*

Insektenbiss insektstik
[in'sektstik] *n.*

Insel ø [ö]

Insulin insulin [insu'li:n] *n.*

interessant interessant
[intəre'sant]

Internet internet ['intərnet] *n.*

J

ja ja [ja]

Jacke jakke ['jakə], *(Strickjacke)*
trøje ['trɔjjə]

Jagd jagt [jagt]

Jahr år [o̯ur] *n.*

Jahreszeit årstid ['o̯urstið]

Januar januar ['januar]

Jeans jeans [dschi:ns]

jeder, jede, jedes *(vor dem
Nomen)* hver [wer], ○ hvert
[wert], *(als Pronomen)* enhver
['enwer], ○ ethvert ['etwert]

jemand nogen ['no̯uən]

jetzt nu [nu]

Jogurt yoghurt ['jɔgurt]

Jucken klø [klö]

Jugendherberge vandrehjem
['wandrəjem] *n.*

Jugendlicher, Jugendliche ung
mand/kvinde [uŋg man 'kwinə]

Juli juli ['juli]

jung ung [uŋg]

Junge dreng [dreŋg]

Juni juni ['juni]

Jütland Jylland ['jülan] *n.*

Jütländer, Jütländer jyde ['jüðə]

jütländisch jysk [jüsk]

Juwelier, Juwelierin juvelér
[juwə'ler]

K

Kabel *(dicke elektrische Leitung)*
kabel ['käbəl] *n.*, *(dünne elektri-
sche Leitung)* ledning ['leðniŋg]

Kaffee kaffe ['kafə]

Kakao kakao [ka'kau]

Kakerlake kakerlak ['kakərlak]

kalt kold [kɔl]

Kamera kamera ['kaməra] *n.*

Kamm kam [kam]

kämmen rede ['re:ðə]

kämpfen kæmpe ['kempə]

Kappe hætte ['hetə]

kaputt itu [i'tu], **kaputt machen** ødelægge ['öðəlegə] <ødelagde, ødelagt>

Karotte gulerod ['guləroð]

Karte kort [kort] *n., (Postkarte)* postkort ['pɔstkort] *n., (Landkarte)* landkort ['lankort] *n., (Speisekarte)* spisekort ['spi:səkort] *n.*

Kartoffel kartoffel [kar'tɔfəl]

Käse ost [oʊst]

Kasse kasse ['kasə]

Katze kat [kat]

kaufen købe ['kö:bə]

Kaufhaus varehus ['warəhus] *n.*

Kaugummi tyggegummi ['tügəgumi] *n.*

Kehle strube ['strubə]

kein, keine ingen ['iŋgən], ○ intet ['intət]

Keks kiks [kiks]

Keller kælder ['kelər]

Kellner, Kellnerin ♂ tjener ['tje:nər], ♀ servitrice [serwi'tri:sə]

kennen kende ['kenə]

Ketchup ketchup ['ketschup]

Kilogramm kilogram ['kilogram] *n.*

Kilometer kilometer ['kilomätər]

Kind barn [barn] *n.,* **Kinder** børn [börn] *n. Pl.*

Kinderbecken børnebassin ['börnəbaseng] *n.*

kinderfreundlich børnevenlig ['börnəwenli]

Kindergarten børnehave ['börnəhäwə]

Kinderkrippe vuggestue ['wugəstuə]

Kinderwagen *(für Babys)* barnevogn ['barnəwoʊn], *(für Kleinkinder)* klapvogn [klapwoʊn]

Kino biograf [bio'gra:f]

Kiosk kiosk [kiɔsk]

Kirche kirke ['kirkə]

Kissen pude ['puðə], *(Kopfkissen)* hovedpude ['howəðpuðə]

Kissenbezug pudebetræk ['puðəbətrek] *n.*

Kleid kjole ['kjolə]

Kleidung klæder ['klädər] *n. Pl.*

klein lille ['lilə], små [smoʊ] *Pl.*

Kleingeld småpenge ['smɔpeŋgə] *Pl.*

Kneipe værtshus ['wertshus] *n.*

Knöchel ankel ['ankəl]

Knochen knogle ['kno:lə]

Knopf knap [knap]

Koch, Köchin kok [kɔk]

kochen lave mad ['läwə mað], *(in kochendem Wasser)* koge ['koʊə]

Koffer kuffert ['kɔfərt]

Kofferraum bagagerum [ba'gä:schərum] *n.*

kommen komme ['kɔmə] <kom, kommet>, *(ankommen)* ankomme ['ankɔmə] <ankom, ankommet>

Kommission kommission [kɔmischi'on]

Kompass kompas [kɔm'pas] *n.*

Konditorei konditori [kondito'ri] *n.*

Kondom kondom [kɔn'dom] *n.*

Konfitüre syltetøj ['syltətɔi] *n.*

können kunne ['kunə] <kunne, kunnet>, Ich kann kommen. Jeg kan komme. [jai kan 'kɔmə]

Konsulat konsulat [kɔnsu'lät] *n.*

Kontinent fastland ['fastlan] *n.*
Konto konto ['kɔnto]
Kontonummer kontonummer ['kɔntonumər] *n.*
Kontrolle kontrol [kɔn'trɔl]
kontrollieren kontrollere [kɔntrɔ'lerə]
Konzert koncert [kɔn'sert]
Kopenhagen København [köbən'ha̲u̲n]
Kopf hoved ['howəð] *n.*
Kopfweh hovedpine ['howəðpi:nə]
Korb kurv [kurw]
Korken prop [prɔp]
Korkenzieher proptrækker ['prɔptrekər]
Körper krop [krɔp], legeme ['läjmə] *n.*
kosten koste ['kɔstə]
Kostüm *(Jackett und Rock)* dragt [dragt], *(Verkleidung)* udklædning ['uðklääðning]
Krabbe krabbe ['krabə], *(sehr klein)* reje ['ra̲i̲jə]
krank syg [sü]
Krankenhaus sygehus ['süəhus] *n.*
Krankenpfleger, Krankenpflegerin sygehjælper ['süəjelpər]
Krankenschwester sygeplejerske ['süəpla̲i̲ərskə]
Krankenwagen ambulance [ambu'la̲ngsə]
Krankheit sygdom ['südɔm]
Kreditkarte kreditkort [kre'ditkort] *n.*
Kreditkartennummer kreditkortnummer [kre'ditkortnumər] *n.*
Krieg krig [kri]

kriegen få [fo̲u̲] <fik, fået>
Krone *(dänische Währung)* krone ['kronə]
Krücke krykke ['krükə]
Küche køkken ['kökən] *n.*, die dänische Küche det danske køkken [dä danskə 'kökən]
Kuchen kage ['käjə]
Kugelschreiber kuglepen ['kuləpen]
kühlen køle ['kölə]
Kühlschrank køleskab ['köləskäb] *n.*
Kunst kunst [kunst]
Kunsthandwerk kunsthåndværk ['kunsthɔnwerk] *n.*, *(Objekt)* kunstgenstand ['kunstgenstan]
Kupplung kobling ['kɔbling]
Kurs kurs [kurs], *(Lehrgang)* kursus ['kursus] *n.*
kurz kort [kort]
Kuss kys [küs] *n.*
küssen kysse ['küsə]
Küste kyst [küst]

L

lächeln smile ['smi:lə]
lachen le [lä:] <lo, leet>
Ladegerät opladningsapparat ['ɔplääðningsapara:t] *n.*
laden lade [läðə]
Laden forretning [fɔ'retning]
Laken lagen ['läjən] *n.*
Land land [lan] *n.*
Landkarte landkort ['lankort] *n.*
lang lang [la̲ng], Wie lang wird das dauern? Hvor længe vil det vare? [wor 'lengə wil dä warə]

lange længe ['leŋgə], Müssen wir lange warten? Må vi vente længe? [mou wi 'wentə 'leŋgə]

Länge længde ['lengdə]

Langlauf langrend ['laŋgren] *n.*

langsam *(Adjektiv)* langsom ['laŋgsɔm], *(Adverb)* langsomt ['laŋgsɔmt]

Lastwagen lastbil [lastbi:l]

Lauch porre ['porə]

laufen *(rennen)* løbe ['löbə] <løb, løbet>, *(zu Fuß unterwegs sein)* gå [gou] <gik, gået>

Läuse lus [lus]

laut højlydt ['hɔjlüt], *(unangenehm)* støjende ['stɔjənə]

leben leve ['le:wə]

Leben liv [liu] *n.*

Lebensmittel levnedsmiddel ['lewnəðsmiðəl] *n.*

Leber lever ['lewər]

lecker lækker ['lekər]

Leder læder ['leðər] *n.*

ledig ugift ['ugift]

leer tom [tɔm]

legal legal [le'gäl]

legen lægge ['legə] <lagde, lagt>

leicht *(Gewicht)* let [let], *(einfach)* nem [nem]

leider desværre [des'wärə], leider ja ja desværre [ja des'wärə], leider nein desværre ikke [des'wärə 'ikə]

leihen sich etw. leihen låne noget [lounə 'nouət], jdm etw. leihen udlåne noget ['uðlounə 'nouət]

Leine reb [re:b] *n.*, *(für die Wäsche)* tørresnor ['törəsnor], *(für den Hund)* bånd [bɔn] *n.*

leise stille ['stilə], *(Stimme)* sagte ['sachtə], *(Radio, Fernseher)* svag [swä]

lenken styre ['stürə]

lernen lære ['lärə]

lesbisch lesbisk ['lesbisk]

lesen læse ['läsə]

letzter, letzte, letztes sidste [sidstə]

Leute folk [fɔlk] *n.*

Licht lys [lüs] *n.*

Liebe kærlighed ['kärliheð]

lieben elske ['elskə]

Lied sang [saŋ]

liegen *(in horizontaler Position sein)* ligge ['ligə] <lå, ligget>, *(sich befinden)* være ['wärə] <var, været>

Likör likør [li'kör]

lila lilla ['lila]

Limonade citronvand [si'tronwan], limonade [limo'näðə]

links *(auf der linken Seite)* på venstre side [pou 'wenstrə 'siðə], *(nach links)* til venstre [til 'wenstrə]

Linse *(Hülsenfrucht oder Schicht des Auges)* linse ['linsə]

Lippe læbe ['lä:bə]

Lippenstift læbestift ['lä:bəstift]

Liter liter [litər]

Lkw lastbil ['lastbi:l]

Loch hul [hu:l] *n.*

Locke lok [lɔk]

Löffel ske [ske:], *(für den Nach-
tisch)* dessertske [de'sertske:]
Lösung *(Auflösung eines Prob-
lems)* løsning ['lösning], *(Begriff
in Chemie)* opløsning ['ɔplösning]
Lotion lotion [loschi'on]
Luft luft [luft]
Lunge lunge ['lungə]
lustig lystig ['lüsti]

M

machen *(tun)* gøre ['görə] <gjorde,
gjort>, *(etw. herstellen)* lave
['läwə], Mach's gut! Ha' det
godt! [ha dä gɔt]
Mädchen pige ['pi:ə]
Mädchenname pigenavn
['pi:ənaun] *n.*
Magen mave ['mäwə]
Mai maj [mai]
man man [man]
manchmal sommetider
['sɔmətiðər], undertiden
['unərtiðən]
Mangel *(Fehlerhaftigkeit)* fejl [fail],
(etwas Fehlendes) mangel
['mangəl]
Mann mand [man]
männlich mandlig ['manli], *(gram-
matikalisch)* hankøn ['hankön]
Mantel frakke ['frakə]
Markt marked ['markəð] *n.*
Marmelade marmelade
[marmə'läðə]
März marts [marts]
Maschine maskine [mas'ki:nə]
Masern mæslinger ['meslingər] *Pl.*

Maß mål [mɔul] *n.,* *(Stab o. Ä. zum
Messen)* målestok ['mɔuləstɔk]
Massage massage [ma'säschə]
matt *(nicht glänzend)* mat [mat]
Matte måtte ['mɔtə]
Mauer mur [mur]
Maus mus [mus]
Mayonnaise mayonnaise
[maijɔ'näsə]
Medizin *(Heilkunst)* medicin
[medi'si:n], *(Medikament)* læge-
middel ['läjəmiðəl] *n.*
Meer hav [hau] *n.*
Meeresfrüchte mad fra havet
[mað fra 'häwət]
Mehl mel [me:l] *n.*
mehr mere ['merə]
mein, meine min [mi:n], o mit
[mit], Pl. mine ['mi:nə]
→*Kurzgrammatik S. 159*
meinen mene ['me:nə]
Meinung mening ['me:ning]
meist mest [me:st]
Melone melon [me'lo:n]
Mensch *(Person)* person
[per'so:n], *(im Gegensatz zu Tier)*
menneske ['menskə] *n.*
Menstruation menstruation
[menstruasi'on]
Menü menu [me'nü]
Messe messe ['mesə]
Messer kniv [kniu]
Metal metal [me'tal] *n.*
Meter meter ['mätər]
Metzger, Metzgerin slagter
['slagtər]
mich *(reflexiv)* mig [mai]
Miete leje ['laijə]

mieten leje ['lajjə]
Migräne migræne [mi'gränə]
Mikrowelle mikroovn ['mikroọun]
Milch mælk [mälk]
Milchprodukt mejeriprodukt
 [majjə'ri prɔ'dukt] *n.*
mild mild [mil]
Militär militær [mili'tär] *n.*
minus minus ['minus]
Minute minut [mi'nut] *n.*
mischen blande ['blanə]
mit med [með]
mitbringen bringe med ['bringə
 með] <bragte, bragt>
mitnehmen tage med ['täə með]
 <tog, taget>
Mittag middag ['midä], heute Mit-
 tag i dags middag [i däs 'midä],
 zu Mittag essen spise middags-
 mad ['spiːsə 'midäsmað]
Mittagessen middagsmad
 ['midäsmað], *(kaltes Essen zu Mit-
 tag)* frokost ['frɔkɔst]
mittags om middagen [ɔm
 'midäən]
Mittagsmenü middagsmenu
 ['midäs me'nü]
Mitte midte ['mitə], Mitte Januar/
 des Monats midt i januar/i måne-
 den [mit i 'januar/i mọunəðən]
Mittwoch onsdag ['onsda]
Möbel møbel ['möbəl] *n.*
Mode *(Kleidung)* mode ['moðə]
mögen kunne lide ['kunə liː]
 <kunne, kunnet>, Ich mag gern
 Weißbrot. Jeg kan godt lide
 franskbrød. [jai kan gɔt liː
 'franskbröð], synes om ['sünəs

ɔm], Ich mag ihn gern. Jeg synes
godt om ham. [jai 'sünəs gɔt ɔm
ham]
möglich mulig ['muːli]
Moment øjeblik ['ɔijəblik] *n.*
Monat måned ['mọunəð]
Mond måne ['mọunə]
Montag mandag ['manda]
morgen i morgen [i 'morən], Bis
 morgen! Vi ses i morgen!
 [wi seːs i 'morən]
Morgen morgen ['morən], Guten
 Morgen! Godmorgen! [go'morən],
 heute Morgen i morges
 [i 'morəs]
morgens om morgenen [ɔm
 'morənən]
Moschee moské [mɔ'skeː]
Moskito moskito [mɔ'skito]
Moskitonetz moskitonet
 [mɔ'skitonet] *n.*
Motor motor ['motor]
Motorrad motorcykel
 ['motorsükəl]
müde træt [tret]
Müll affald ['aufal] *n.*
Mülleimer skraldespand
 ['skraləspan]
Mund mund [mun]
Münze mønt [mönt]
Musik musik [mu'sik]
muslimisch muslimsk [mu'slimsk]
müssen *(Verpflichtung)* måtte
 [mɔtə] <måtte, måttet>, Ich muss
 los! Jeg må af sted! [jai mọu a
 steð], *(Zwang)* skulle ['skulə]
 <skulle, skullet>, Ich muss meine
 Rechnung zahlen. Jeg skal

betale min regning. [jai̯ skal
bə'tälə mi:n 'rai̯ning]
mutig modig ['moði]
Mutter mor [mor]
Mütze hue ['huə]

N

nach *(einer Sache folgend)* efter
['eftər], nach einer Stunde efter
en time ['eftər e:n 'ti:mə], *(zu
einem bestimmten Ort)* til [til],
nach Kopenhagen/Aarhus til
København/Aarhus [til
'köbənhau̯n 'ou̯rhus]
Nachmittag eftermiddag
['eftərmidä], heute Nachmittag
i eftermiddag [i 'eftərmidä]
nachmittags om eftermiddagen
[ɔm 'eftərmidäən]
Nachname efternavn
['eftərnau̯n] *n.*
Nachricht *(Mitteilung)* meddelelse
['meðde:ləlsə], *(in den Medien)*
Nachrichten nyheder
['nüheðər] *Pl.*
Nachspeise efterret ['eftər ret],
dessert [də'sert]
nächster, nächste, nächstes
næste ['nestə], Der Nächste,
bitte! Værsgo, den næste!
[wärs'go dən 'nestə]
Nacht nat [nat], Gute Nacht! God-
nat! [go'nat], letzte Nacht i nat
[i nat]
nachts om natten [ɔm 'natən]
Nadel nål [nou̯l]
Nagel *(an Fingern und Zehen)* negl
[nai̯l], *(Metallpin)* søm [söm] *n.*

Nagelknipser negleklipper
['nai̯ləklipər]
Nagellack neglelak ['nai̯lələk]
nah nær [när]
nähen sy [sü]
Nähnadel synål ['sünou̯l]
Nahverkehrszug nærtrafiktog
['närtrafiktou̯] *n.*
Name navn [nau̯n] *n.*
Nase næse ['näsə]
Nationalität nationalitet
[nasionali'tät]
Natur natur [na'tur]
Naturheilkunde naturlægekunst
[na'turläjəkunst]
neben *(räumlich)* ved siden af
[weð 'siðən ä]
neblig tåget ['tou̯ət]
nehmen tage ['täə] <tog, taget>
nein nej [nai̯]
nett *(sympathisch)* rar [rar],
(freundlich) pæn [pä:n]
Netz net [net] *n.*
neu ny [nü]
nicht ikke ['ikə], nicht mehr ikke
mere ['ikə 'merə], überhaupt
nicht slet ikke [slet 'ikə]
Nichtraucher, Nichtraucherin
ikkeryger ['ikərüər]
Nichtraucherabteil ikkerygerkupé
['ikərüərkupe:]
nichts intet ['intət], ingenting
['ingənting], Ich möchte nichts
essen. Jeg vil ikke spise noget.
[jai̯ wil 'ikə 'spi:sə 'nou̯ət]
nie aldrig ['aldri], nie wieder/mehr
aldrig igen/mere ['aldri i'gen mer]

noch endnu [e'nu], **noch einmal** endnu en gang ['enu eːn gang], **noch nicht** ikke endnu ['ikə e'nu]
Norden nord [nor]
normal normal [nor'mäl]
Notfall nødstilfælde ['nöðstilfelə] *n.*
nötig nødvendig [nöð'wendi]
November november [no'wembər]
Nudeln nudler ['nuðlər] *Pl.*
Nummer nummer ['numər] *n.*
nur kun [kun], **nur noch ...** kun ... tilbage [kun ... til'bäə]
Nuss nød [nöð]

O

ob om [ɔm]
oben *(am oberen Ende)* oppe ['opə], *(auf der Oberfläche)* ovenpå ['oənpoụ], **nach oben** opad ['ɔpað]
Obst frugt [frugt]
oder eller ['elər]
Ofen *(zum Backen)* ovn ['oːən], *(zum Heizen)* komfur [kɔm'fur] *n.*
offen åben [oụbən]
öffentlich offentlig ['ɔfəntli]
öffnen åbne [oụbnə]
oft tit [tit], ofte ['ɔftə]
ohne uden ['uðən]
Ohr øre ['örə] *n.*
Oktober oktober [ɔk'tobər]
Öl olie ['oliə]
Onkel onkel ['ɔnkəl], *(Bruder der Mutter)* morbror ['morbror], *(Bruder des Vaters)* farbror ['farbror]
Oper opera ['opəra]
Optiker, **Optikerin** optiker ['ɔptikər]

Orange appelsin [apəl'siːn], orange [ɔ'rangschə]
Ordnung orden ['ordən], **in Ordnung** i orden [i 'ordən]
Öre *(dänische Münze (Hundertstel einer Krone))* øre ['örə]
Ort sted [steð] *n.*
Osten østen ['östən]
Österreich Østrig ['östri] *n.*
Österreicher, **Östereicherin** østriger ['östriər]
österreichisch østrigsk ['östrisk]
Ozean ocean ['oseän] *n.*

P

Paar par [pa] *n.*
Päckchen småpakke ['smɔpakə], **Päckchen Zigaretten** pakke cigaretter ['pakə siga'retər]
packen *(ergreifen)* gribe ['griːbə] <greb, grebet>, *(einpacken)* pakke ['pakə]
Packung pakning ['pakning], *(Holzschachtel)* æske ['eskə]
Paket pakke ['pakə]
Palast palads [pa'las] *n.*
Panne uheld ['uhel] *n.*
Papier papir [pa'pir] *n.*, *(Ausweis usw.)* **Papiere** legitimationspapirer [legitimasi'onspapirər] *n. Pl.*
Parfum parfume [par'füm]
Park park [park]
parken parkere [par'kerə]
Parkplatz parkeringsplads [par'keringsplas]
Parlament parlament [parla'ment] *n.*

Partei *(in der Politik)* parti [par'ti] *n.*

Partner, **Partnerin** ♂ partner ['partnər], ♀ partnerske ['partnərskə]

Party party ['parti] *n.*, selskab ['selskäb] *n.*

Pass pas [pas] *n.*

Patient, **Patientin** patient [paschi'ent]

Pause pause ['pausə]

Pedal pedal [pe'däl]

Penis penis ['pe:nis]

Pension *(für Gäste)* pensionat [paŋgsio'nät] *n.*

Pfanne pande ['panə]

Pfeffer peber ['pebər] *n.*

Pfeife *(zum Rauchen)* pibe ['pi:bə], *(zur Erzeugung schriller Laute)* fløjte ['flɔitə]

Pferd hest [hest]

Pflanze plante ['plantə]

Pfund pund [pun] *n.*

Pille pille ['pilə]

Pilz *(allgemein)* svamp [swamp], *(giftig)* paddehat ['pädəhat], *(essbar)* champignon ['schampinjɔŋ]

Pizza pizza ['pisa]

Plan *(Vorhaben)* plan [plän], *(Karte)* kort [kort] *n.*

Planschbecken soppebassin ['sɔpəbaseŋ] *n.*

Plastik *(Kunststoff)* plastic ['plastik] *n.*, *(Skulptur)* plastik ['plastik]

Platz plads [plas]

Plätzchen *(allgemein)* småkage ['smɔkäjə], *(Keks)* kiks [kiks]

plus plus [plus]

Polizei politi [pɔli'ti] *n.*

Polizeiwache politistation [pɔli'ti stasi'on]

Polizist, **Polizistin** politibetjent [pɔli'tibətjent]

Pollen blomsterstøv ['blɔmstərstöw] *n.*

Pommes frites pommes frites [pɔm frits]

Porto porto ['porto]

Post *(Briefe oder Päckchen)* post [pɔst], *(Filiale)* posthus ['pɔsthus] *n.*

Postkarte postkort ['pɔstkort] *n.*

Postleitzahl postnummer ['pɔstnumer] *n.*

Praxis praksis ['praksis]

Preis pris [pri:s]

preiswert prisen værd ['pri:sən wär]

probieren *(versuchen)* prøve ['pröwə], *(vorkosten)* smage ['smäə]

Problem problem [prɔ'ble:m] *n.*

Programm program [prɔ'gram] *n.*

Prospekt prospekt [prɔ'spekt] *n.*

Prost! Skål! ['skɔul]

protestieren protestere [prɔtes'terə]

Prozent procent [pro'sent]

prüfen prøve ['pröwə]

Pullover pullover [pu'lowər]

Pumpe pumpe ['pumpə]

Punkt punkt [punkt] *n.*, *(Satzzeichen)* punktum ['punktum] *n.*

pünktlich punktlig ['punktli], præcis [prä'si:s]

Puppe dukke ['dukə]
putzen gøre rent ['görə re:nt]
  <gjorde, gjort>

Q

Quadratmeter kvadratmeter
  [kva'dra:tmätər]
Qualität kvalitet [kwali'tät]
Qualle *(allgemein)* gople ['gɔplə],
  (harmlos) vandmand ['wanman],
  (brennend) brandmand
  ['branman]
Quarantäne karantæne
  [karan'tänə]
Quittung kvittering [kvi'tering]

R

Rabatt rabat [ra'bat]
Rad *(allgemein)* hjul [ju:l] *n.*, *(Fahr-
  rad)* cykel ['sükəl], Rad fahren
  cykle ['süklə]
Radfahrer, **Radfahrerin** cyklist
  [sük'list]
Radio radio ['radio]
Radweg cykelsti ['sükəlsti:]
rasieren barbere [bar'berə]
Rasierer barbermaskine
  [bar'bermaskinə]
Rasierklinge barberblad
  [bar'berblað] *n.*
Rasierschaum barberskum
  [bar'berskum] *n.*
Ratte rotte ['rɔtə]
rauben røve ['röwə]
rauchen ryge ['rüə] <røg, røget>
Raucher, **Raucherin** *(Person)*
  ryger ['rüər], *(Abteil)* rygekupé
  ['rüəkupe:]

Raum *(allgemein)* rum [rum] *n.*,
  (Zimmer) værelse ['wärəlsə] *n.*,
  (Platz) plads [plas]
realistisch realistisk [rea'listisk]
Rebe vinranke ['wi:nrankə]
rechnen regne ['rainə]
Rechnung *(Buchhaltung)* regn-
  skab ['rainskäb] *n.*, *(im Restau-
  rant)* regning ['raining]
rechts *(auf der rechten Seite)* på
  den højre side [pou dən 'hɔirə
  'si:ðə], *(nach rechts)* til højre [til
  'hɔirə]
recyceln genbruge ['genbruə]
Regal reol [re'ol]
Regen regn [rain]
Regenmantel regnfrakke
  ['rainfrakə]
Regenschirm paraply [para'plü]
Regierung regering [re'gering]
regnen regne ['rainə]
reich rig [ri], reich an rig på [ri
  pou]
Reifen dæk [dek] *n.*
rein ren [re:n]
rein... ... ind [in]
Reinigung *(Geschäft)* renseri
  [rense'ri] *n.*, *(Reinigung von Klei-
  dern)* rensning ['rensning], *(Sau-
  bermachen)* rengøring
  ['re:ngöring]
Reis ris [ri:s]
Reise rejse ['raisə], Gute Reise!
  God rejse! [goð 'raisə]
Reisebüro rejsebureau
  ['raisəbüro] *n.*
Reiseführer *(Buch)* rejsehåndbog
  ['raisəhɔnbou]

Reiseführer, Reiseführerin *(Person)* rejsefører ['rɑisəförər]
reisen rejse ['rɑisə]
Reisepass rejsepas ['rɑisəpas] *n.*
Reisescheck rejsecheck ['rɑisətschek]
Reißverschluss lynlås ['lünlọus]
reiten ride ['riːðə] <red, redet>
Religion religion [religi'on]
Rennbahn væddeløbsbane ['weðəlöbsbänə]
Rentner, Rentnerin pensionist [paŋsio'nist]
Reparatur reparation [reparasi'on]
reparieren reparere [repa'rerə]
reservieren reservere [reser'werə]
Reservierung reservering [reser'weriŋ]
Reservierungsnummer reserveringsnummer [reser'weriŋsnumər] *n.*
Restaurant restaurant [resto'raŋ]
retten redde ['reðə]
Rettungsweste redningsvest ['reðniŋswest]
Rezept *(in der Küche)* opskrift ['ɔpskrift], *(vom Arzt verordnet)* recept [re'sept]
R-Gespräch telefonsamtale, hvor modtageren betaler [tele'fonsamtälə wor 'moðtäərən bə'tälər]
Richter, Richterin dommer ['dɔmər]
richtig rigtig ['rigti]
Richtung retning ['retniŋ]
riechen lugte ['lugtə]
Rindfleisch oksekød ['ɔksəköð] *n.*

Rock *(Kleidungsstück)* nederdel ['neðərdeːl]
roh rå [rọu]
Rollstuhl kørestol ['körəstoːl]
Rolltreppe rulletrappe ['rulətrapə]
romantisch romantisk [ro'mantisk]
rosa rosa ['rosa]
Rose rose ['rosə]
Rosé rosé [ro'sä]
Rost *(oxidiertes Metall)* rust [rust], *(Grillrost)* rist [rist]
rot rød [röð]
Rotwein rødvin ['röðwiːn]
Route rute ['rutə]
Rücken ryg [rüg]
Rucksack rygsæk ['rügsek]
Ruder *(Schiffsteuer)* ror [ror] *n.*, *(Riemen)* åre ['ọurə]
ruhig rolig ['roli]
Ruine ruin [ru'in]
rund rund [run]
rutschen *(ausrutschen)* glide ['gliːðə] <gled, gledet>, *(Fahrzeug)* skride ['skriːðə] <skred, skredet>, *((wie) auf einer Rutsche, abrutschen)* rutsche ['rutschə]

S

Safe *(Bankschließfach)* boks [bɔks], *(Geldschrank)* pengeskab ['peŋəskäb] *n.*
Saft saft [saft]
Sahne fløde [flöðə]
Salat salat [sa'lät]
Salz salt [salt] *n.*
salzig saltet ['saltət]
Samstag lørdag ['lörda]
Sand sand [san] *n.*

Sandale sandal [san'däl]
satt mæt [met]
Sattel sadel ['saðəl]
Satz sætning ['setning]
sauber ren [re:n]
sauer sur [sur]
Sauerstoffflasche *(für Taucher)* iltflaske ['iltflaskə]
Sauger *(für Babyfläschchen)* sut [sut]
Sauna sauna ['sauna]
Schal halstørklæde ['halstörklädə] *n.*
scharf *(Geschmack)* krydret ['krüðrət], *(Klinge)* skarp [skarp]
Scheckkarte checkkort ['tschekkort] *n.*
Schein *(Banknote)* pengeseddel ['pengəseðəl], *(Anschein)* udseende ['uðse:ənə] *n.*
scheinen *(Sonne)* skinne ['skinə], *(einen Eindruck erwecken)* se ud til [se: uð til] <så, set>
Schere saks [saks]
Schiff skib [ski:b] *n.*
Schild skilt [skilt] *n.*, *(Wegweiser)* vejskilt ['waiskilt] *n.*
Schinken skinke ['skinkə]
schlafen sove ['so:wə] <sov, sovet>
Schlafzimmer soveværelse ['so:wəwärəlsə] *n.*
Schläger *(für Tennis, Federball, Tischtennis)* ketsjer ['ketsjər], *(für Golf)* kølle ['kölə], *(für Baseball, Kricket)* boldtræ ['bolträ] *n.*
Schlange *(Tier)* slange ['slangə], *(wartende Menschen)* kø [kö:]

schlank slank [slank]
Schlauch slange ['slangə]
schlecht *(Adjektiv: minderwertig oder verwerflich)* dårlig ['dourli], *(Milch)* sur [sur], *(Fleisch)* rådden ['roðən], *(Adverb)* dårligt ['dourlit], Mir ist schlecht. Jeg er utilpas. [jai er 'utilpas]
schließen lukke ['lukə]
Schließfach *(für Wertsachen)* boks [boks], *(für Gepäck)* vægskab ['wägskäb] *n.*
Schloss *(zum Abschließen)* lås [lous], *(Gebäude)* slot [slot] *n.*
Schluss slutning ['slutning], am/zum Schluss til slut [til slut]
Schlüssel nøgle ['noilə]
schmal smal [smal]
schmecken smage ['smäə]
Schmerz smerte ['smertə]
schmerzhaft smertefuld ['smertəful]
Schmerzmittel smertestillende middel ['smertəstilənə 'miðəl] *n.*
Schmetterling sommerfugl ['somərfu:l]
schmutzig snavset ['snausət]
Schnaps snaps [snaps]
Schnecke snegl [snail], *(ohne Häuschen)* agersnegl ['äjərsnail]
Schnee sne [sne:]
schneiden *(mit einer Klinge)* skære ['skärə] <skar, skåret>
Schneider, Schneiderin ♂ skrædder ['skreðər], ♀ syerske ['süerskə]
schnell hurtig ['hurti]
Schnorchel snorkel ['snorkəl]

schnorcheln snorkle ['snorklə]
Schnuller narresut ['narəsut]
Schnürsenkel snørebånd ['snörəbɔn] *n.*
Schokolade chokolade [schɔkoläðə]
schon allerede ['aləreðə]
schön *(gut aussehend)* køn [kön], *(gut gekleidert)* pæn [pä:n], *(angenehm)* skøn [skön], *(sehr attraktiv)* smuk [smuk]
Schönheitssalon skønhedssalon ['skönheðs saˈlɔng]
Schrank skab [skäb] *n.*, *(für Kleider)* klædeskab ['kläðəskäb] *n.*
schreiben skrive ['skri:wə] <skrev, skrevet>
schreien råbe ['roubə], *(z. B. vor Schmerzen oder aus Angst)* skrige ['skri:ə] <skreg, skreget>
schriftlich skriftlig ['skriftli]
schüchtern genert ['schenert], frygtsom ['frügtsɔm]
Schuh sko [sko:]
Schuhgeschäft skotøjsforretning ['sko:tɔisforetning]
schuldig skyldig ['sküldi]
Schule skole ['sko:lə]
Schulter skulder ['skulər]
Schuppe *(vom Fisch)* skæl [skel] *n.*
Schuppen *(im Haar)* skæl [skel] *n. Pl.*
Schüssel *(flach)* fad [fað] *n.*, *(tief)* skål [skoul], *(mit Deckel)* terrin [teri:n]
schützen beskytte [bəˈskütə]
schwach svag [swä]

Schwager, Schwägerin ♂ svoger ['swouər], ♀ svigerinde [swiəˈrinə]
schwanger gravid [graˈwið], svanger ['swangər]
Schwangerschaftstest svangerskabsprøve ['swangərskäbspröwə]
schwarz sort [sort]
Schwarzbrot rugbrød ['rubröð] *n.*
Schwein svin ['swi:n] *n.*
Schweinefleisch svinekød ['swi:nəköð] *n.*
Schweiz Svejts [swaits]
Schweizer, Schweizerin svejtser ['swaitsər]
Schweizer svejtsisk ['swaitsisk]
schweizerdeutsch svejtsertysk ['swaitsərtüsk]
schwer *(allgemein)* svær [swär], *(schwierig)* vanskelig ['wanskəli], *(von großem Gewicht)* tung [tung]
schwerhörig tunghør ['tunghör], *(höflicher)* høresvag ['höRəswä]
Schwester *(Geschwisterteil)* søster ['söstər], *(Krankenschwester)* sygeplejerske ['süəplaiərskə]
Schwiegermutter svigermor ['swiərmor]
Schwiegervater svigerfar ['swiərfar]
Schwimmbad svømmebad ['swöməbað] *n.*
schwimmen svømme ['swömə]
schwitzen svede ['sweðə]
schwul bøsse ['bösə]
See *(Meer)* hav [hau] *n.*, *(Binnengewässer)* sø [sö]

seekrank søsyg ['sösü]
Seeland *(dänische Insel, auf der Kopenhagen liegt)* Sjælland ['sjelan] *n.*
Seeländer, **Seeländerin** sjællænder ['sjelenər]
seeländisch sjællandsk ['sjelansk]
segeln sejle ['sailə]
sehen se [se:] <så, set>
sehr meget ['maiət]
Sehtest synsprøve ['sünspröwə]
Seide silke ['silkə]
Seife sæbe ['säbə]
Seil reb [re:b] *n.*, *(für Schiff usw.)* tov [tɔu] *n.*
Seilbahn tovbane ['tɔubänə]
sein være ['wärə] <var, været>, Ich bin gekommen. Jeg er kommet. [jai er kɔmət] →*Kurzgrammatik S. 163*
sein, **seine** *(einem männlichen Subjekt zugeordnet)* sin [si:n], ○ sit [sit], Pl. sine ['si:nə], Er nimmt lieber sein (eigenes) Auto. Han tager hellere sin bil. [han tar 'helərə si:n bi:l], *(einem anderen Mann gehörend)* hans [hans], Er fährt nicht gern mit seinem Auto (dem Auto eines Freundes). Han kører ikke så gerne med hans bil. [han 'körər 'ikə sɔ 'gernə með hans bi:l], *(einem nicht-menschlichen Nomen zugeordnet)* dens [dens], ○ dets [des], Das Haus und sein Vorgarten sind sehr schön. Huset og dets forhave er meget kønne. [husət o des 'forhäwə er 'maiət 'könə] →*Kurzgrammatik S. 159*
seit *(Zeitpunkt)* siden ['si:ðən], seit 2010 siden to tusind ti ['si:ðən to 'tusin ti], *(Zeitspanne)* i [i], seit drei Tagen i de sidste tre dage [i di 'sidstə tre: 'däjə]
Seite side ['si:ðə]
Sekt tysk champagne [tüsk scham'panjə]
Sekunde sekund [se'kund] *n.*
Selbstbedienung selvbetjening ['selbətjening]
Selbstversorger selvforsørger ['selforsörjər]
selten *(Adjektiv)* sjælden ['schelən], *(Adverb)* sjældent ['schelənt]
Semmel rundstykke ['runstükə] *n.*
senden *(verschicken)* sende ['senə], *(Rundfunk und Fernsehen)* udsende ['uðsenə]
Senf sennep ['senəp]
September september [sep'tembər]
Serviette serviet [serwi'et]
Sessel lænestol ['länəsto:l]
Sex sex [seks]
Shampoo shampoo [scham'pu]
Show show [scho:] *n.*
sich sig [sai]
sicher sikker ['sikər]
Sicherheitsgurt sikkerhedssele ['sikərheðsse:lə]
sie *(Singular)* hun [hun], *(Plural)* de [di] →*Kurzgrammatik S. 158*
Sie De [di] →*Kurzgrammatik S. 158*
Silber sølv [sölw] *n.*

Silvester nytårsaften
['nüto̯ursaftən]
singen synge ['süŋgə] <sang,
sunget>
Sitz sæde ['säðə]
sitzen sidde ['siðə] <sad, siddet>
Skateboard skateboard
['skätbord] *n.*
Ski ski [ski]
Skilift skitræk ['skitrek] *n.*
Skipass skipas ['skipas] *n.*
Skischuh skistøvle ['skistöu̯lə]
Skistock skistav ['skistäw]
Skulptur skulptur [skulp'tur]
Slipeinlage hygiejnebind
[hügi'a̯inebin] *n.*
Snowboard snowboard
['sno:bord] *n.*
so *(auf diese Art und Weise)* sådan
['sɔdan], *(vor einem Adjektiv)* så
[sɔ], so schön/teuer så køn/dyr
[sɔ kön/dür]
Socke sok [sɔk]
Sofa sofa ['sofa]
sofort straks [straks]
Sohn søn [sön]
Sojabohne sojabønne ['sojabönə]
Sojamilch sojamælk ['sojamelk]
Soldat, **Soldatin** soldat [sɔldät]
sollen skulle ['skulə] <skulle,
skullet>, Ich soll ... Jeg skal ...
[ja̯i skal]
Sommer sommer ['sɔmər]
Sonne sol [so:l]
Sonnenbrand solskoldning
['so:lskɔlning]
Sonnenstich solstik ['so:lstik] *n.*

Sonnenuntergang solnedgang
['so:lneðgang]
sonnig solrig ['so:lri]
Sonntag søndag ['sönda]
sorgen bekymre [bə'kümrə], sich
(um etw./jdn) sorgen bekymre
sig (om noget/nogen) [bə'kümrə
sa̯i ɔm noṵət 'noṵən], für etw./
jdn sorgen sørge for noget/
nogen ['sörjə for 'noṵət/'noṵən]
Soße sovs [soṵws]
Souvenir souvenir [suwə'nir]
sowohl ... als auch ... både ...
og ... ['boṵðə ... o]
sparen spare ['sparə]
Spaß sjov [schio̯], Das macht
Spaß. Det er sjovt. [dä er
schio̯t], Viel Spaß! God fornø-
jelse! [goð for'no̯iəlsə]
spät sen [se:n]
später senere ['se:nərə]
Spaziergang spadseretur
['spasertur]
Speck flæsk [fläsk] *n.*
Speisekarte spisekort
['spi:səkort] *n.*
Speisewagen spisevogn
['spi:səvoṵn]
Spezialist, **Spezialistin** specialist
[spesia'list]
Spezialität specialitet [spesiali'tät]
Spiegel spejl [spa̯il] *n.*
Spiegelei spejlæg ['spa̯ileg] *n.*
spielen *(sich die Zeit vertreiben)*
lege ['la̯ijə], *(Sport oder Instru-
ment)* spille ['spilə]
Spielkasino kasino [ka'si:no] *n.*

Spielregeln spilleregler ['spilərälər] *Pl.*

Spinat spinat [spi'nät]

Spinne edderkop ['eðərkɔp]

Spirituosen spiritus ['spiritus]

Spitzname øgenavn ['öjənaun] *n.*

Sport sport [sport], idræt ['idret]

Sportgeschäft sportsforretning [sportsfor'retning]

Sportler, Sportlerin ♂ sportsmand ['sportsman], ♀ sportspige ['sportspijə]

Sprache sprog [spro:] *n.*

sprechen tale ['tälə]

Sprechstunde konsultationstid [kɔnsultasi'onstið]

springen springe ['springə] <sprang, sprunget>

Spritze indsprøjtning ['insprɔitning]

Spur *(einer Straße)* spor [spor] *n.*

Staatsangehörigkeit statsborgerskab ['stätsborjərskäb] *n.*

Stadion stadion ['städiɔn] *n.*

Stadt by [bü]

Stadtmauer bymur ['bümur]

Stadtrundfahrt byrundfart ['bürunfart]

Stadtzentrum bycenter ['büsentər] *n.*

stark stærk [stärk]

Starthilfekabel starthjælpekabel ['startjelpəkäbəl] *n.*

Statue statue ['stätuə]

stechen *(mit Stachel oder Messer)* stikke ['stikə] <stak, stukket>, *(mit Rüssel)* bide ['biðə] <bed, bidt>

Stecknadel knappenål ['knapənɔul]

stehen stå [stou] <stod, stået>

stehlen stjæle ['stje:lə] <stjal, stjålet>

Steigbügel stigbøjle ['stibɔilə]

steigen *(in die Luft, Höhe (auch fig.))* stige ['sti:ə] <steg, steget>, *(auf einen Berg oder Baum)* auf etw. steigen klatre op ad noget ['klatrə ɔp a 'nouət]

steil stejl [stail]

Steilküste klint [klint]

Stein sten [ste:n]

Stelle *(Arbeitsplatz)* stilling ['stiling], *(Ort)* sted [steð] *n.*

stellen stille ['stilə]

sterben dø [dö] <døde, død>

Stiefel støvle ['stöulə]

Stimme stemme ['stemə]

Stockwerk etage [ä'täschə], im ersten Stock på første sal [pou 'förstə säl]

stornieren annullere [anu'lerə]

Stornierungsgebühr annulleringsgebyr [anu'leringsgəbür] *n.*

Strand strand [stran]

Straße gade ['gäðə], *(außerhalb der Stadt)* vej [vai]

Straßenbahn sporvogn ['sporvoun]

Streifen stribe ['stri:bə]

Strom *(Elektrizität)* strøm [ström], *(Gewässer)* flod [flo:ð]

Strömung strømning ['strömning]

Strumpf strømpe ['strömpə]

Stück stykke ['stükə] *n.*, *(Scheibe)* skive ['ski:wə]

Student, **Studentin** studerende [stu'derənə]

Stuhl stol [sto:l]

Stunde time ['ti:mə], eine viertel Stunde et kvarter [et kwar'ter]

Sturm storm [storm]

suchen søge ['söə], nach etw. suchen søge efter noget ['söə 'eftər 'nouət]

Süden syd [süð]

Supermarkt supermarked ['supərmarkəð] n.

Suppe suppe ['supə]

Suppenlöffel (um Suppe damit zu essen) suppeske ['supəske:], (Kelle) potageske [po'tä:schəske:]

süß sød [söð]

Süßstoff sødestof ['söðəstɔf] n.

T

Tabak tobak [tɔ'bak]

Tag dag [dä], Guten Tag! Goddag! [gɔ'dä]

Tagebuch dagbog ['daubo:]

Tagessuppe dagens suppe ['däəns 'supə]

täglich daglig ['dauli]

tagsüber om dagen [ɔm 'däən]

Tal dal [däəl]

Tampon tampon [tam'pong]

Tanga tanga ['tanga]

Tank tank [tank]

tanken tanke ['tankə]

Tankstelle tankstation ['tankstasion]

Tante tante ['tantə]

Tanz dans [dans]

tanzen danse ['dansə]

Tasche taske ['taskə], (an einem Kleidungsstück) lomme ['lɔmə]

Taschenmesser lommekniv ['lɔməkniu]

Taschenrechner lommeregner ['lɔmərainər]

Taschentuch lommetørklæde ['lɔmətörkläðə] n., (Papiertaschentuch) papirslommetørklæde ['papirslɔmətörkläðə] n.

Tasse kop [kɔp], (Becher) krus [krus] n.

Tastatur tastatur [tasta'tur] n.

taub døv [döw]

tauchen dykke ['dükə]

Taucherausrüstung dykkerudstyr ['dükəruðstür] n.

Taucherbrille dykkerbriller ['dükərbrilər] Pl.

Taxi taxa ['taksa], taxi ['taksi]

Taxifahrer, **Taxifahrerin** taxachauffør ['taksaschoför]

Technik teknik ['teknik]

Tee te [te:]

Teelöffel teske ['te:ske:]

Teig dej [dai]

Teil del [de:l]

teilen dele ['de:lə]

Teilzeit... deltids ... [de:ltiðs]

Telefon telefon [tele'fon]

Telefonbuch telefonbog [tele'fonbo:]

telefonieren telefonere [telefɔ'nerə], Ich muss dringend telefonieren. Det haster for mig at telefonere. [dä hastər for mai at telefɔ'nerə]

Telefonkarte telefonkort
[tele'fonkort] *n.*
Telefonnummer telefonnummer
[tele'fonnumər] *n.*
Telefonzelle telefonboks
[tele'fonbɔks]
Teller tallerken [ta'lerkən]
Tennisplatz tennisbane
['tenisbänə]
Teppich tæppe ['tepə] *n.*
Termin termin [ter'mi:n], *(für ein*
Treffen) aftale ['au̯tälə]
Tetanus stivkrampe ['stiwkrampə]
teuer dyr [dür]
Theater teater [te'ätər] *n.*
Theaterstück teaterstykke
[te'ätərstükə] *n.*
Ticket billet [bi'let]
Tier dyr [dür] *n.*
Tisch bord [bor] *n.*
Tischtennis bordtennis ['bortenis]
Titel *(eines Buchs)* titel ['titəl]
Tochter datter ['datər]
Tofu tofu [tɔ'fu]
Toilette toilet [toi'let] *n.*
Toilettenpapier toiletpapir
[toi'letpapir] *n.*
Tollwut hundegalskab
['hunəgalskäb]
Tomate tomat [tɔmät]
Topf *(Keramikbehälter)* potte
['pɔtə], *(Kochtopf)* gryde ['grüðə]
Töpferwaren pottemagervarer
['pɔtəmäjərwarər] *Pl.*
Tor *(beim Fußball)* mål [mɔu̯l] *n.,*
(Einfahrt) port [port], *(Gartenein-*
gang) låge ['lɔu̯ə]
Torte lagkage ['lau̯käjə]

tot død [döð]
Touristeninformation turistinfor-
mation [tu'ristinformasion]
tragen bære ['bärə] <bar, båret>
Transport transport ['transport]
Traube vindrue ['wi:ndruə]
treffen *(eine Person)* træffe
['trefə] <traf, truffet>, møde
['möðə], Wir treffen uns am Flug-
hafen. Vi mødes ved lufthavnen.
[wi 'möðəs weð 'lufthau̯nən]
Treppe trappe ['trapə]
trinken drikke ['drikə] <drak,
drukket>
Trinkgeld drikkepenge
['drikəpeŋgə] *Pl.*
Trinkwasser drikkevand
['drikəwan] *n.*
trocknen tørre ['törə]
Tuch klæde ['kläðə] *n.*
tun gøre ['görə] <gjorde, gjort>, Ich
tue das gern. Jeg synes om at
gøre det. [jai̯ 'sünəs ɔm at 'görə
dä]
Tür dør [dör]
Turm tårn [tou̯rn] *n.*
Tüte pose ['po:sə]

U

U-Bahn metro ['mätro]
Übelkeit kvalme ['kwalmə]
über over ['ou̯ər], im Zimmer über
uns i værelset over os [i
'wärəlsət 'ou̯ər ɔs], Temperaturen
über 30° temperaturer over tre-
dive grader [tempera'turər 'ou̯ər
'träðwə graðər], *(sich beziehend*

auf) om [ɔm], ein Buch über ...
en bog om ... [eːn bou ɔm]
Überdosis overdosis ['oɥardoːsis]
überfallen *(gewaltsam angreifen)*
overfalde ['oɥarfalə], *(um zu rau-
ben)* røve ['röwə]
übermorgen overmorgen
['oɥarmorən]
Übernachtungsmöglichkeit over-
natningsmulighed
['oɥarnatningsmuliheð]
überraschen overraske
['oɥarraskə]
übersetzen oversætte ['oɥarsetə]
<oversatte, oversat>
Übersetzer, Übersetzerin over-
sætter ['oɥarsetər]
überweisen overføre ['oɥarförə]
Überweisung overførsel
['oɥarförsəl]
Uhr ur [ur] *n.*, *(Armbanduhr)* arm-
båndsur ['armbɔnsur] *n.*, zehn
Uhr klokken ti ['klɔkən ti]
Uhrzeit klokkeslæt ['klɔkəslet] *n.*
um *(Absicht)* for [for], um zu tes-
ten for at prøve [for at 'pröwə],
(räumlich) omkring ['ɔmkring],
Wir fahren um die Stadt herum.
Vi kører omkring byen. [wi 'körər
'ɔmkring 'büən], *(zeitlich)* på
[pou], um diese Zeit på det tids-
punkt [pou dä 'tiðspunkt], *(Uhr-
zeit)* klokken ['klɔkən], um drei
Uhr klokken tre ['klɔkən träː],
(Bitte) om [ɔm], Darf ich um
eine Tasse Tee bitten? Må jeg
bede om en kop te? [mou jai beː
ɔm eːn kɔp teː]

umsteigen stige om ['stiə ɔm]
<steg, steget>, in etw. umsteigen
skifte til noget ['skiftə til 'nouət]
umtauschen bytte ['bütə]
umziehen flytte ['flütə]
und og [o]
Unfall uheld ['uhel] *n.*
ungefähr *(kurz vor einer Uhrzeit)*
omtrent ['ɔmtrent]
uns os [ɔs]
unser, unsere vores ['worəs],
(förmlicher) vor [wor], ○ vort
[wort], Pl. vore ['worə]
→*Kurzgrammatik S. 159*
unten nede ['neðə], nach unten
nedad ['neðað]
unter *(räumlich)* under ['unər]
Unterbringung indlogering
[inlo'schering]
Untergeschoss kælderetage
['keləretäschə]
Unterhemd undertrøje
['unərtrɔijə]
Unterhose underbukser
['unərbuksər] *Pl.*
Unterricht undervisning
['unərwiːsning]
unterrichten undervise
['unərwiːsə]
unterschreiben underskrive
['unərskriːwə] <underskrev,
underskrevet>
Unterschrift underskrift
['unərskrift]
Untertasse underkop ['unərkɔp]
Urlaub ferie ['feriə]
USB-Kabel USB-kabel [u es bä
'käbəl] *n.*

V

Vagina skede ['ske:ðə]
Vater far [far]
Vegetarier, **Vegetarierin** vegetarianer [wege'tariänər]
vegetarisch vegetarisk [wege'tarisk]
verbinden forbinde [for'binə] <forbandt, forbundet>
verboten forbudt [for'but]
verdienen tjene ['tje:nə]
vergessen glemme ['glemə]
vergewaltigen voldtage ['wɔltäjə] <voldtog, voldtaget>
verheiratet gift [gift]
Verkehr færdsel ['färsəl]
Verkehrsmittel trafikmiddel [tra'fikmiðəl] *n.*, öffentliche Verkehrsmittel offentlige transportmidler ['ɔfentliə trans'portmiðlər] *n. Pl.*
Verletzung skade ['skäðə]
verlieren tabe ['täbə], *(auch figurativ)* miste ['mistə]
Verlobter, **Verlobte** forlovede [for'lo:wəðə]
Vermieter, **Vermieterin** udlejer ['uðlaijər]
verrückt *(unsinnig)* tosset ['tɔsət], *(geistlich verwirrt)* forrykt [for'rükt], *(wahnsinnig)* gal [gäl]
Versichertenkarte forsikringskort [for'sikriŋskort] *n.*
Versicherung forsikring [for'sikriŋ]
verspätet forsinket [for'sinkət]

verstehen forstå [for'stou] <forstod, forstået>
verstopft *(Abfluss, Toilette)* forstoppet [for'stɔpət]
Verstopfung *(gestörte Verdauung)* forstoppelse [for'stɔpəlsə]
versuchen forsøge [for'söə]
Vertrag kontrakt [kɔn'trakt]
verwitwet enke ['enkə]
viel megen ['maiən], ○ meget ['maiət], zu viel for meget [for 'maiət]
viele mange ['maŋə]
vielleicht måske [mou'ske:]
viertel kvart [kwart], viertel vor/nach eins kvart i/over et [kwart i/'ouər et]
Viertel *(vierter Teil von etw.)* fjerdedel ['fjerəde:l]
Vierteljahr kvartal [kwartäl] *n.*
Visum visum ['wisum] *n.*
voll fuld [ful]
voller fuld af [ful a]
Vollpension helpension ['hälpaŋsion]
Vollwertkost helsekost ['helsəkɔst]
Vollzeit... heltids... ['hältiðs]
von fra [fra], von Süden fra syd [fra süð], eine Nachricht von meinem Reiseleiter en meddelelse fra min rejseleder [e:n 'meðde:ləlsə fra mi:n 'raisəle:ðər]
vor *(räumlich)* foran [for'an], *(zeitlich)* for ... siden [for ... 'siðən], vor zehn Minuten for ti minutter siden [for ti mi'nutər 'siðən]
vorgestern i forgårs [i 'forgours]

Vormittag formiddag ['formidä]
vormittags om formiddagen [ɔm 'formidäən]
vorne forude [for'uðə], nach vorne forud ['foruð]
Vorname fornavn ['fornaun] n.
Vorort forstad ['forstað]
Vorsicht forsigtighed [for'sigtiheð], Vorsicht! Pas på! [pas pou]
vorsichtig forsigtig [for'sigti]
Vorspeise forret [for'ret]
vorziehen foretrække ['forətrekə] <foretrak, foretrukket>

W

wachsen vokse ['wɔksə]
wählen vælge ['weljə] <valgte, valgt>
wahr sand [san], Nicht wahr? Ikke sandt? ['ike sant]
Währung (banktechnisch) valuta [wa'luta]
Wald skov [skou]
Wand væg [wäg]
wandern vandre ['wandrə]
wann hvornår [wor'nour]
warm varm [warm]
warnen advare [að'warə]
warten vente ['wentə]
Wartezimmer venteværelse ['wentəwärəlsə] n.
warum hvorfor [wor'for]
was hvad [wað]
Wäscherei vaskeri [waskə'ri:] n.
Waschmaschine vaskemaskine ['waskəmaski:nə]
Wasser vand [wan] n.

wasserdicht vandtæt ['wantet]
Wasserfall vandfald ['wanfal] n.
Wasserhahn vandhane ['wanhänə]
Wechselgeld vekselpenge ['weksəlpengə] Pl.
Wechselkurs vekselkurs ['weksəlkurs]
wechseln (in eine andere Währung) veksle ['wekslə], (in Kleingeld) bytte ['bütə]
Wecker vækkeur ['wekəur] n.
weg væk [wek]
Weg vej [wai], (Pfad) sti [sti:]
wehtun gøre ondt ['görə ɔnt] <gjorde ondt, gjort ondt>
weiblich kvindelig ['kwinəli], (grammatikalisch) hunkøn ['hunkön] n.
Weihnachten jul [ju:l], Frohe Weihnachten! Glædelig jul! ['glädəli jul]
Wein vin [wi:n]
Weinstock vinstok ['wi:nstɔk]
weiß hvid [wið]
Weißwein hvidvin ['wiðwi:n]
wenig, wenige (vor unzählbarem Nomen) lidt [lit], (vor zählbarem Nomen) få [fou]
weniger (vor unzählbarem Nomen) mindre ['mindrə], (vor zählbaren Nomen) færre ['färə]
wer hvem [wem]
Werkstatt værksted ['werksteð] n.
Wertsachen værdisager [wer'disäər] Pl.
wertvoll verdifuld [wer'diful]
wessen hvis [wis]

Westen vest [west]
Wickelraum puslerum ['puslǝrum] *n.*
Wiedersehen gensyn ['gensyn], Wiedersehen! Farvel! [far'wel] *n.*, *(umgangssprachlich)* Hej hej! [hai hai], *(förmlicher)* Auf Wiedersehen! På gensyn! [pou 'gensün]
Wiese eng [eng]
Wind vind [win]
Windel ble [ble:]
windig blæsende ['bläsǝnǝ]
Windschutzscheibe vindspejl ['winspail] *n.*
Winter vinter ['wintǝr]
wir vi [wi]
wissen vide ['wiðǝ] <vidste, vidst>, Ich weiß es nicht. Jeg ved det ikke. [jai weð dä 'ikǝ]
wo hvor [wor]
Woche uge ['uǝ]
Wochenende weekend ['wi:kend]
wohnen bo [bo]
Wohnung lejlighed ['lailiheð]
Wohnmobil autocamper ['autokampǝr]
Wohnwagen campingvogn ['kampingvoun]
Wohnzimmer dagligstue ['daulistuǝ]
wollen ville ['wilǝ] <ville, villet>, Ich will es nicht. Jeg vil det ikke. [jai wil dä 'ikǝ]
Wort ord [or] *n.*
Wörterbuch ordbog ['orbou]
wunderbar vidunderlig [wið'unǝrli]

Wurst pølse ['pölsǝ]
Wüste ørken ['örkǝn]

Z

Zahl tal [tal] *n.*
zahlen betale [bǝ'tälǝ]
Zahlung betaling [bǝ'täling]
Zahlungsweise betalingsmåde [bǝ'tälingsmouðǝ]
Zahn tand [tan]
Zahnbürste tandbørste ['tanbörstǝ]
Zahnpasta tandpasta ['tanpasta]
Zahnstocher tandstik ['tanstik]
Zange tang [tang]
Zeh tå [tou]
Zeit tid [tið], in letzter Zeit for nylig [for 'nyli]
Zeitschrift tidsskrift ['tiðskrift] *n.*
Zeitung avis [a'wi:s]
Zelt telt [telt] *n.*
zelten telte ['teltǝ], kampere [kam'perǝ]
Zeltplatz campingplads ['kampingplas]
Zentimeter centimeter ['sentimätǝr]
zentral central [sen'tral]
Zentrum centrum ['sentrum] *n.*
Ziege ged [geð]
Zigarette cigaret [siga'ret]
Zigarre cigar [si'gar]
Zimmer værelse ['wärǝlsǝ] *n.*
Zimmernummer værelsesnummer ['wärǝlsǝsnumǝr] *n.*
Zitrone citron [si'tro:n]
Zoll *(Behörde)* toldvæsen ['tolwäsǝn] *n.*, *(Abgabe)* told [tol]

zu *(Präposition: vor Infinitiven)* at [at], *(zu einem personifizierten Ziel)* til [til], Ich gehe zum Bäcker. Jeg går til bageren. [jai gour til bäjərən], *(zu einem Ort, Geschäft)* i [i], Ich gehe zur Bäckerei. Jeg går i bageriet. [jai gour i 'bäjəriət], *(Adverb: geschlossen)* lukket ['lukət], *(verschlossen)* låset ['lousət]
Zucker sukker ['sukər] *n.*
zuckerfrei sukkerfri ['sukərfri]
zufrieden tilfreds [til'fres]
Zug tog [tou] *n.*
Zügel tømme ['tömə]
Zündkerze tændrør ['tenrör] *n.*

zurück tilbage [til'bäə], *(rückwärts)* baglæns ['baulens]
zurückgeben give tilbage ['giwə til'bäə] <gav, givet>
zurückkehren vende tilbage ['wenə til'bäə]
zusammen *(gemeinsam)* sammen ['samən], *(insgesamt)* i alt [i alt]
zustimmen *(einverstanden sein)* være enig om noget ['wärə 'e:ni om 'nouət] <var, været>, Ich stimme dem zu. Jeg er indforstået med det. [jai er 'inforstouət með dä]
Zwiebel løg [loi] *n.*
zwischen mellem ['meləm]

Dänisch–Deutsch

A

absolut [absɔ'lut] absolut
adapter [a'daptər] Adapter
addere [a'derə] addieren
adresse [a'dresə] Adresse
advare [að'warə] warnen
affald ['au̯fal] n. Müll
afgang ['au̯gaŋ] Abfahrt, Abflug
afsender ['au̯senər] Absender,
  Absenderin
aftale ['au̯tälə] Termin
aften ['aftən] Abend, om aftenen
  [ɔm 'aftənən] abends
aftensmad ['aftənsmað] Abendes-
  sen
aftryk ['au̯trük] n. (Kopie auf
  Papier) Ausdruck
aftrykke ['au̯trükə] (auf Papier
  kopieren) ausdrucken, Vil du
  godt trykke det af? [wil du gɔt
  'trükɔ dä ä] Können Sie das bitte
  ausdrucken?
agersnegl ['äjərsnai̯l] (ohne Häus-
  chen) (Nackt)schnecke
agurk [a'gurk] Gurke
aids [äds] Aids
akkumulator [akumu'lätor] Akku
akkurat [aku'ra:t] genau
alder ['alər] Alter
aldrig ['aldri] nie, aldrig igen/mere
  ['aldri i'gen/'merə] nie wieder/
  mehr
alene [a'länə] allein
alkohol ['alkɔhol] Alkohol

alkoholfri ['alkɔholfri] alkoholfrei
alle ['alə] alle
allerede ['aləreðə] schon
allergi [aler'gi] Allergie
alt [alt] alles, i alt [i alt] insgesamt
altan [al'tän] Balkon
altid ['altið] immer
altså ['alsə] also
ambulance [ambu'laŋsə] Kran-
  kenwagen
anbefale ['anbəfälə] empfehlen
anden ['anən], o andet ['anət]
  anderer, andere, anderes
anderledes ['anərleðəs] anders
ankel ['ankəl] Knöchel
ankomme ['ankɔmə] <ankom,
  ankommet> ankommen
ankomst ['ankɔmst] Ankunft
anmeldelse ['anmeləlsə] Strafan-
  zeige
anmodning ['anmoðniŋ] Bitte
annonce [a'noŋsə] Anzeige,
  Annonce
annullere [anu'lerə] stornieren
annulleringsgebyr
  [anu'leriŋsgəbür] n. Stornie-
  rungsgebühr
ansigt ['ansigt] n. Gesicht
ansøgning ['ansöniŋ] Antrag
antibiotika [antibi'otika] Antibio-
  tika
apotek [apo'täk] n. Apotheke
appelsin [apəl'si:n] Orange
april [a'pril] April
arbejde ['arbai̯də] n. Arbeit

arbejde ['arba̲idə] arbeiten
arbejdstilladelse ['arba̲idstiläðəlsə] Arbeitserlaubnis
arm [arm] Arm
armbåndsur ['armbɔnsur] *n.* Armbanduhr
askebæger ['askəbäjər] *n.* Aschenbecher
at [at] *(leitet Nebensätze ein)* dass, *(Präposition vor Infinitiven)* zu
august [a̲u'gust] August
autocamper ['a̲utokampər] Wohnmobil
automat ['a̲utomät] Automat
automatisk [a̲uto'mätisk] automatisch
avis [a'wiːs] Zeitung

B

baby ['bäbi] Baby
babymad ['bäbimað] Babynahrung
babypudder ['bäbipuðər] *n.* Babypuder
bad [bað] *n.* Bad
bade ['bäðə] baden
badekar ['bäðəkar] *n.* Badewanne
bag [bä] hinter
bagage [ba'gäːsche] Gepäck
bagagerum [ba'gäːschərum] *n.* Kofferraum
bager ['bäjər] Bäcker, Bäckerin
bageri [bäjə'ri] *n.* Bäckerei
baglæns ['ba̲ulens] zurück
bagpå ['bäpo̲u] hinten, auf der Rückseite

bagved ['bäweð] hinten
balkon [bal'kɔng] *(im Theater)* Rang, 2. balkon ['anən bal'kɔng] Balkon
banan [ba'nän] Banane
banegård ['bänəgo̲ur] Bahnhof
bank [bank] *(Finanzinstitut)* Bank
bankidentifikationskode ['bankidentifikasionskoðə] Bankleitzahl
barberblad [bar'berblað] *n.* Rasierklinge
barbere [bar'berə] rasieren
barbermaskine [bar'bermaskinə] Rasierer
barberskum [bar'berskum] *n.* Rasierschaum
barm [barm] Busen
barn [barn] *n.* Kind
barnestol ['barnəstoːl] Kinderstuhl, høj barnestol [hɔ̲i 'barnəstoːl] Hochstuhl
barnevogn ['barnəwo̲un] Kinderwagen
batteri [batə'ri] *n.* Batterie
bede ['beːðə] <bad, bedt> bitten
bedrageri [bədra̲uə'ri] *n.* Betrug
bedre ['beðrə] besser
bedring ['beðriŋ] Besserung, God bedring! [goð 'beðriŋ] Gute Besserung!
bedstefar ['bestəfar] Großvater
bedsteforældre ['bestə for'eldrə] *Pl.* Großeltern
bedstemor ['bestəmor] Großmutter
begge ['begə] beide
begynde [bə'günə] anfangen

begyndelse ['bəgünəlsə] Anfang

behage ['bəhäjə] gefallen, Hvad behager? [waŏ bə'har] Wie bitte?

beholde [bə'hɔlə] behalten

bekræfte [bə'kreftə] bestätigen

bekræftelse [bə'kreftəlsə] Bestätigung

ben [be:n] *n.* Bein

beskytte [bə'skütə] schützen

bestille [bə'stilə] *(Speisen oder Getränke)* bestellen, *(Zimmer)* buchen, *(Eintrittskarten)* reservieren

bestilling [bə'stiliŋ] *(Speisen und Getränke)* Bestellung, *(Zimmer)* Buchung, *(Eintrittskarten)* Reservierung

besøge [bə'söə] besuchen, besichtigen

betale [bə'tälə] bezahlen, zahlen

betaling [bə'täliŋ] Zahlung

betalingsmåde [bə'täliŋsmouŏə] Zahlungsweise

betyde [bə'tüŏə] <betød, betydet> bedeuten

bide ['biŏə] <bed, bidt> *(allgemein)* beißen, *(Insektstich)* stechen

bil [bi:l] Auto

billede ['biləŏə] *n.* Bild

billet [bi'let] Fahrkarte, Ticket

billetautomat [bi'letautomät] Fahrkartenautomat

billig ['bili] billig

biograf [bio'gra:f] Kino

bitter ['bitər] bitter

bjerg [bjeau] *n.* Berg

bjergkæde ['bjeaukäŏə] Gebirge

blad [blaŏ] *n.* Blatt

blande ['blanə] mischen

ble [ble:] Windel

blind [blin] blind

blive ['bliwɛ] <blev, blevet> bleiben

blod [bloŏ] *n.* Blut

blomst ['blɔmst] Blume

blomsterforretning ['blɔmstərforetniŋ] Blumenladen

blomsterstøv ['blɔmstərstöw] *n.* Pollen

bluse ['blusə] Bluse

blyant ['blüant] Bleistift

blyantspidser ['blüantspisər] Anspitzer

blyfri ['blüfri] bleifrei

blære ['blärə] *(Organ)* Blase

blæsende ['bläsənə] windig

blå [blou] blau

bo [bo] wohnen

boble ['bɔblə] *(Luftansammlung)* Blase

bog [bou] Buch

bogstav ['boustäw] *n.* Buchstabe

boks [bɔks] Safe, Schließfach

bold [bɔlt] Ball

boldtræ ['bɔlträ] *n. (beim Baseball oder Kricket)* Schläger

bolig ['boli] Wohnsitz

bord [bor] *n.* Tisch

bordtennis ['bortenis] Tischtennis

brandmand ['branman] Feuerwehrmann, Qualle

bred [breŏ] breit

bredde ['breŏə] Breite

bremse ['bremsə] *(Teil eines Fahrzeugs, Stechfliege)* Bremse

bremse ['bremsə] bremsen
brev [breu] *n.* Brief
bringe ['bringə] <bragte, bragt> bringen, bringe med ['bringə með] mitbringen
bronkitis [brɔn'kitis] Bronchitis
bror [bror] Bruder
bruge ['bruə] benutzen
brun [bru:n] braun
bruser ['brusər] Dusche
bryst [brüst] *n.* Brust
brød [bröð] *n.* Brot
bugt [bugt] Bucht
bukser ['buksər] *Pl.* Hose
bus [bus] Bus
busstation ['busstasion] Busbahnhof
busstoppested ['busstɔpəsteð] *n.* Bushaltestelle
butterdej ['butərdai] Blätterteig
by [bü] Stadt
bycenter ['büsentər] *n.* Stadtzentrum
bygning ['bügning] Gebäude
bymur ['bümur] Stadtmauer
byrundfart ['bürunfart] Stadtrundfahrt
bytte ['bütə] umtauschen, wechseln
bæk [bek] Bach
bænk [benk] *(Sitzmöbel)* Bank
bære ['bärə] <bar, båret> tragen
bøde ['böðə] Bußgeld
børnebassin ['börnəbaseng] *n.* Kinderbecken
børnehave ['börnəhäwə] Kindergarten

børnevenlig ['börnəwenli] kinderfreundlich
bøsse ['bösə] schwul
båd [bouð] Boot
bånd [bɔn] *n. (für den Hund)* Leine, *(für Packungen)* Schnur

C

café [ka'fä] Café
campingplads ['kampingplas] Campingplatz
campingvogn ['kampingvoun] Wohnwagen
CD [sä dä] CD
cent [sent] Cent
centimeter ['sentimätər] Zentimeter
central [sen'tral] zentral
centrum ['sentrum] *n.* Zentrum
champagne [scham'panjə] Champagner, tysk champagne [tüsk scham'panjə] Sekt
champignon ['schampinjɔng] (Speise)pilz
chance ['schangsə] Chance
chauffør [scho'för] Fahrer, Fahrerin
checkkort ['tschekkort] *n.* Scheckkarte
chef [schäf] Chef, Chefin
chokolade [schɔkoläðə] Schokolade
cigar [si'gar] Zigarre
cigaret [siga'ret] Zigarette
citron [si'tro:n] Zitrone
citronvand [si'tronwan] Limonade
cola ['kola] Cola
computer [kɔm'piutər] Computer

creme [kräm] Creme
cykel ['sükəl] Fahrrad
cykelsti ['sükəlsti:] Radweg
cyklist [sük'list] Radfahrer, Rad-
  fahrerin

D

da [da] *(bestimmter Zeitpunkt in
  der Vergangenheit)* als, Da jeg
  gik i skole ... [da jai gik i 'skolə]
  Als ich zur Schule ging, ...,
  (Begründung) weil, Da vi ikke
  har nogen penge, ... [da wi 'ikə
  har 'nouən 'pengə] Weil wir kein
  Geld haben, ..., *(als Füllwort)* da,
  Da har jeg ingen tvivl. [da har jai
  'ingən 'twiwl] Da habe ich keine
  Bedenken.
dag [dä] Tag, i dag [i dä] heute,
  om dagen [ɔm 'dään] tagsüber
dagbog ['daubo:] Tagebuch
daglig ['dauli] täglich
dagligstue ['daulistuə] Wohnzim-
  mer
dal [däəl] Tal
dame ['dämə] Dame
Damer ['dämər] *(als Aufschrift)*
  Damentoilette
Danmark ['danmark] *n.* Dänemark
dans [dans] Tanz
danse ['dansə] tanzen
dansk [dansk] dänisch
dansker ['danskər] Däne, Dänin
dato ['däto] Datum
datter ['datər] Tochter
de [di] *(Personalpronomen: 3. Per-
  son Plural)* sie

De [di] *(Personalpronomen: Höflich-
  keitsform)* Sie
december [dä'sembər] Dezember
dej [dai] Teig
del [de:l] Teil
dele ['de:lə] teilen
deltids... [de:ltiðs] Teilzeit...
den [dən] *(bestimmter Artikel
  gemeinsamen Geschlechts)* der,
  die, das, *(Pronomen)* er, sie, es
dengang ['dengang] damals
denne ['denə] *(Demonstrativprono-
  men gemeinsamen Gechlechts)*
  dieser, diese, dieses
dens [dens] sein, seine; ihr, ihre
der [der] da, dort; den/det der
  [dən/dä der] jener, jene, jenes
derefter [der'eftər] dann, darauf-
  hin
deres ['derəs] *(Possessivartikel:
  Plural)* ihr, ihre
Deres ['derəs] *(Possessivartikel:
  Höflichkeitsform)* Ihr, Ihre
derfor ['derfor] *(gefolgt von einem
  Nebensatz)* also
dessert [də'sert] Nachspeise
dessertske [de'sertske:] (Des-
  sert)löffel
desværre [des'wärə] leider
det [dä] *(bestimmter Artikel sächli-
  chen Geschlechts)* der, die, das;
  (Pronomen) er; sie; es
dets [des] *(einem nicht-menschli-
  chen sächlichen Nomen zugeord-
  net)* sein, seine; ihr, ihre
dette ['detə] *(Demonstrativprono-
  men sächlichen Geschlechts)* die-
  ser, diese, dieses

difteritis ['diftəritis] Diphtherie
dig [da͟i] dich
din [din], ○ **dit**, Pl. **dine** dein, deine
direkte [di'rektə] direkt
disse Pl. ['disə] diese
diæt [di'ät] Diät
dobbelt ['dɔbəlt] doppelt
dobbeltværelse ['dɔbəltwärəlsə] n. Doppelzimmer
domkirke ['dɔmkirkə] Dom
dommer ['dɔmər] Richter, Richterin
dragt [dragt] *(Jackett und Rock)* Kostüm
dreng [dreŋ] Junge
drik [drik] Getränk
drikke ['drikə] <drak, drukket> trinken
drikkepenge ['drikəpeŋə] Trinkgeld
drikkevand ['drikəwan] n. Trinkwasser
DSB [dä es bä] dänische Staatseisenbahn
du [du] du
dukke ['dukə] Puppe
dykke ['dükə] tauchen
dykkerbriller ['dükərbrilər] Pl. Taucherbrille
dykkerudstyr ['dükəruðstür] n. Taucherausrüstung
dyne ['dünə] Bettdecke
dynebetræk ['dünəbətrek] n. Bettbezug
dyr [dür] n. Tier
dyr [dür] teuer
dæk [dek] n. Reifen

dø [dö] <døde, død> sterben
død [döð] tot
døgn [dɔ͟in] Tag und Nacht
dør [dör] Tür
døv [döw] taub
dårlig ['do͟urli] schlecht
dåse ['do͟usə] Dose

E

EC-kort [ä sä kɔrt] n. EC-Karte
edderkop ['eðərkɔp] Spinne
eddike ['eðkə] Essig
efter ['eftər] nach
efterår ['eftəro͟ur] n. Herbst
eftermiddag ['eftərmidä] Nachmittag, om eftermiddagen [ɔm 'eftərmidäən] nachmittags
efternavn ['eftərna͟un] n. Familienname
efterret ['eftər ret] Nachspeise
egen ['a͟iən], ○ **eget** ['a͟iət] eigener, eigene, eigenes
egn [a͟in] Gegend
eller ['elər] oder
elske ['elskə] lieben
e-mail ['i:mäl] E-Mail
en [e:n] *(unbestimmter Artikel gemeinsamen Geschlechts)* ein, eine; *(Zahlwort)* eins
end [en] *(nach einem Komparativ)* als
endnu [e'nu] noch
eng [eŋ] Wiese
engang ['e:ngaŋ] einmal
engangs... ['e:ngaŋs] Einweg...
engelsk ['eŋəlsk] englisch
England ['eŋlan] England

englænder ['eŋglenər] Engländer,
Engländerin

enhver [en'wer], o ethvert
[et'wert] jeder, jede, jedes

enke ['enkə] verwitwet

enkeltværelse ['enkeltwärəlsə] n.
Einzelzimmer

erhverv [er'werw] n. Beruf

et [et] (unbestimmter Artikel sächli-
chen Geschlechts) ein, eine;
(Zahlwort) eins

etage [e'täschə] Etage

etikette [eti'ketə] Etikett

euro ['ɔiro] Euro

Europa [ɔi'ropa] Europa

europæer [ɔiro'päər] Europäer,
Europäerin

europæisk [ɔiro'päisk] europäisch

F

fabrik [fa'brik] Fabrik

fad [fað] n. Schüssel

falde ['falə] <faldt, faldet> fallen

familie [fa'miliə] Familie

fane ['fänə] Fahne

far [far] Vater

farbror ['farbror] Onkel

farfar ['farfar] Großvater

farlig ['farli] gefährlich

farmor ['farmor] Großmutter

farve ['farwə] Farbe

fastland ['fastlan] n. Kontinent,
Festland

fattig ['fati] arm

fax [faks] Fax

faxe ['faksə] faxen

faxnummer ['faksnumər] n. Fax-
nummer

feber ['fäbər] Fieber

februar ['februar] Februar

fejl [fail] Fehler, Mangel

ferie ['feriə] Ferien, Urlaub

feriehus ['feriəhus] n. Ferienhaus

fest [fest] Feier

film [film] Film

finger ['fiŋər] Finger

firma ['firma] n. Firma

fisk [fisk] Fisch

fiskeben ['fiskəbe:n] n. Gräte

fiskefinger ['fiskəfiŋər] Fisch-
stäbchen

fjerdedel ['fjerəde:l] Viertel

fjerne ben ['fjernə be:n] entgräten

fjernsyn ['fjernsün] n. Fernsehen

flad [fläð] flach

flaske ['flaskə] Flasche

flaskeåbner ['flaskəoubnər] Fla-
schenöffner

flod [flo:ð] Fluss

fly [flü] n. Flug, direkte fly [di'rektə
flü] Direktflug

flytte ['flütə] umziehen

flyve ['flüwə] <fløj, fløjet> fliegen,
flyve væk ['flüwə vek] abfliegen

flyvemaskine ['flüwəmaskinə]
Flugzeug

flæsk [fläsk] n. Speck

fløde [flöðə] Sahne

fløjte ['flɔitə] Flöte, Pfeife

fod [foð] Fuß

fodbold [foðbolt] Fußball

folk [fɔlk] n. Leute

for [for] (zum genannten Zweck
oder Preis, anstelle von) für, Kan
du gøre det for mig? [kan du
'görə dä for mai] Kannst du das

für mich tun?, *(Absichtserklä-rung, in Infinitivkonstruktionen)* um, Jeg kommer for at hjælpe dig. [jai kɔmər for at 'jelpə dai] Ich komme, um dir zu helfen.

foran [for'an] *(räumlich)* vor

forbi [for'bi] *(zeitlich)* aus, zuende; *(räumlich)* vorbei

forbinde [for'binə] <forbandt, forbundet> verbinden

forbindelse [for'binəlsə] Verbindung, Anschluss

forbindelsesfly [for'binəlsəsflü] *n.* Anschlussflug

forbudt [for'but] verboten

fordi [for'di] weil

foretrække ['forətrekə] <foretrak, foretrukket> vorziehen

forgårs ['forgours] i forgårs [i 'forgours] vorgestern

forkert [for'kert] falsch

forklare [for'klarə] erklären

forlovede [for'lo:wəðə] Verlobter, Verlobte

form [form] Form

formiddag ['formidä] Vormittag, om formiddagen [ɔm 'formidäən] nachmittags

formular [formu'lar] Formular

fornavn ['fornaun] *n.* Vorname

fornøjelse [for'nɔiəlsə] Spaß, God fornøjelse! [goð for'nɔiəlsə] Viel Spaß!

forret [for'ret] Vorspeise

forretning [for'retniŋ] Geschäft, Laden

forrykt [for'rükt] verrückt

forsigtig [for'sigti] vorsichtig, *(als Aufschrift)* Forsigtig! [for'sigti] Achtung!

forsigtighed [for'sigtiheð] Vorsicht

forsikring [for'sikriŋ] Versicherung

forsikringskort [for'sikriŋskort] *n.* Versichertenkarte

forsinket [for'sinkət] verspätet

forskellige [for'skelijə] verschiedene

forskelligt [for'skeligt] anders

forstad ['forstað] Vorort

forstoppelse [for'stɔpəlsə] *(gestörte Verdauung)* Verstopfung

forstoppet [for'stɔpət] *(Abfluss etc.)* verstopft

forstå [for'stou] <forstod, forstået> verstehen

forsøge [for'söə] versuchen

fortid ['fortið] Vergangenheit, i fortiden [i 'fortiðən] früher

fortælle [for'telə] <fortalte, fortalt> erzählen

forudbetaling ['foruðbətäliŋ] Anzahlung

forude [for'uðə] vorne

forældre [for'eldrə] *Pl.* Eltern

forår ['forour] *n.* Frühling

foto ['foto] *n.* Foto

fotografere [fotogra'ferə] fotografieren

fra [fra] *(Zeitpunkt, an dem etw. beginnt)* ab, *(Ort, aus dem etw. stammt)* aus, *(Richtung, aus der etw. kommt)* von

frakke ['frakə] Mantel

Frankrig ['frankri] Frankreich
fransk [fransk] französisch
franskmand ['franskman] Franzose, Französin
fredag ['freda] Freitag
fremkalde ['fremkalə] *(Film)* entwickeln
fremkaldelse ['fremkaləlsə] *(Film)* Entwicklung
fremmed ['freməð] fremd
fri [fri] frei
fridag ['fridä] Feiertag
frimærke ['frimerkə] *n.* Briefmarke
frisør [fri'sör] Friseur, Friseurin
fritid ['fritið] Freizeit
frokost ['frɔkɔst] (kaltes) Mittagessen
fru [fru] *(Anrede)* Frau
frugt [frugt] Obst
frygtsom ['frügtsɔm] schüchtern
frøken ['frökən] *(veraltende Anrede für junge, ledige Frau)* Fräulein
fuld [ful] voll, **fuld af** [ful a] voller
fyldt op [fült ɔp] ausgebucht
Fyn [fün] *(Insel zwischen Jütland und Seeland)* Fünen
fælleskøn ['feləskön] *n. (in dänischer Grammatik)* gemeinsames Geschlecht
fængsel ['fengsəl] *n.* Gefängnis
færdig ['ferdi] fertig
færdigret ['ferdiret] Fertiggericht
færdsel ['färsəl] Verkehr
færge ['färjə] Fähre
færre ['färə] *(vor zählbaren Nomen)* weniger
fætter ['fetər] Cousin

fødested ['föðəsteð] *n.* Geburtsort
fødselsdag ['föðsəlsdä] Geburtstag
fødselsdato ['föðsəlsdäto] Geburtsdatum
født [föt] geboren
førerhund ['förərhun] Blindenhund
første ['förstə] erster, erste, erstes
få [foụ] <fik, fået> bekommen
få [foụ] *(vor zählbaren Nomen)* wenige
får [foụr] *n.* Schaf

G

gade ['gäðə] Straße
gaffel ['gafəl] Gabel
gal [gäl] verrückt, böse, verärgert
gammel ['gaməl] alt
garage [ga'rarschə] Garage
gartner ['gartnər] Gärtner, Gärtnerin
gas [gas] Gas
gave ['gäwə] Geschenk
ged [geð] Ziege
genbruge ['genbruə] recyceln
genert ['schenert] schüchtern
gennem ['genəm] *(räumlich)* durch
gerne ['gernə] gern
gift [gift] Gift
gift [gift] verheiratet
giftig ['gifti] giftig
give ['giwə] <gav, givet> geben
glas [glas] *n.* Glas
glemme ['glemə] vergessen
glide ['gli:ðə] <gled, gledet> rutschen
god [goð], ○ **godt** [gɔt] gut

godt [gɔt] gut
golf [gɔlf] Golf
golfbane ['gɔlfbänə] Golfplatz
gople ['gɔplə] Qualle
grad [gra�ð] Grad
gram [gram] *n.* Gramm
gratulere [gratu'lerə] gratulieren
gravid [gra'wið] schwanger
gribe ['gri:bə] <greb, grebet> ergrei-
 fen
gryde ['grüðə] (Koch)topf
grøn [grön] grün
Grønland ['grönlan] Grönland
grønlandsk ['grönlansk] grönlän-
 disch
grønlænder ['grönlenər] Grönlän-
 der, Grönländerin
grøntsager ['gröntsäjər] *Pl.*
 Gemüse
grå [grou] grau
gul [gul] gelb
gulerod ['guləroð] Karotte
gyldig ['güldi] gültig
gæst [gest] Gast
gøre ['görə] <gjorde, gjort> tun,
 gøre ondt ['görə ɔnt] wehtun,
 gøre rent ['görə re:nt] putzen
gå [gou] <gik, gået> *(zu Fuß unter-*
 wegs sein) gehen, Hvordan går
 det? [wor'dan gou dä] Wie
 geht's?, *(funktionieren)* Uret går
 ikke. ['urət gou 'ikə] Die Uhr
 läuft nicht.
går [gou] i går [i gou] gestern

H

hallo! ['halo] *(Grußwort am Tele-*
 fon) hallo!

hals [hals] Hals
halstørklæde ['halstörkläðə] *n.*
 Schal
halv [hal], o halvt [halt] halb, *(mit*
 Zeitangabe) halv fem [hal fem]
 halb fünf
halvdel ['halde:l] Hälfte
halve ['halwə] det halve [dä
 'halwə] die Hälfte
halvpension ['halpaŋsion] Halb-
 pension
halvtid ['haltið] Halbzeit
han [han] *(Personalpronomen)* er
handikappet ['handikapət] behin-
 dert
handske ['hanskə] Handschuh
hankøn ['hankön] *n. (in deutscher*
 Grammatik) männliches
 Geschlecht
hans [hans] sein, seine; Han
 elsker hans kone. [han 'elskər
 hans 'konə] Er liebt seine Frau.
 (die Frau eines anderen); Hans
 kone elsker ham ikke mere.
 [hans 'konə 'elskər ham 'ikə
 'merə] Seine (eigene) Frau liebt
 ihn nicht mehr.
haste ['hastə] eilen, Det haster.
 [dä 'hastər] Es eilt.
hastig ['hasti] eilig
hav [hau] *n.* Meer
have ['häwə] Garten
have ['häwə] <havde, haft> haben,
 Har I besøgt Danmark før i
 tiden? [har i bə'sögt 'danmark för
 i 'tiðən] Habt ihr Dänemark
 schon mal besucht?, Hvordan
 har du det? [wor'dan har du dä]

Wie geht es dir?, Jeg har det (ikke) godt. [jai har dä 'ikə gɔt] Mir geht es (nicht) gut., Ha' det godt! [ha dä gɔt] Mach's gut!

hed [heð] heiß

hedde ['heðə] <hed, heddet> heißen, Hvad hedder du? [waô 'heðər du] Wie heißt du?

hej! [hai] *(Grußwort)* hallo!, Hej hej! [hai hai] Tschüss!

held [hel] *(zufallsbedingt)* Glück, Held og lykke! [hel o 'lükə] Viel Glück!

heldig ['heldi] være heldig ['wärə 'heldi] Glück haben, Du har været heldig. [du har 'wärət 'heldi] Du hast Glück gehabt.

helligdag ['helidä] (religiöser) Feiertag

helpension ['hälpaŋsion] Vollpension

helsekost ['helsəkɔst] Vollwertkost

heltids... ['hältiðs] Vollzeit...

hendes ['henəs] ihr, ihre; Hun elsker hendes mand. [hun 'elskər 'henəs man] Sie liebt ihren Mann.(den Mann einer anderen Frau); Hendes mand elsker hende ikke mere. ['henəs man 'elskər 'henə 'ikə 'merə] Ihr (eigener) Mann liebt sie nicht mehr.

henimod ['henimoð] *(zeitlich)* gegen, *(räumlich)* (in) Richtung, entgegen

hente ['hentə] holen, abholen

hepatitis [hepa'titis] Hepatitis

her [her] hier, den/det her [dən/det her] dieser, diese, dieses

Her [her] *(Anrede)* Herr

herre ['herə] *(höflich für ‚Mann')* Herr

Herrer ['herə] *(als Aufschrift)* Herrentoilette

hest [hest] Pferd

hilse ['hilsə] grüßen

hilsen [hilsən] Gruß

hindbær ['hinbär] *n.* Himbeere

hjul [ju:l] *n. (in einem Mechanismus)* Rad

hjælp [jelp] Hilfe

hjælpe ['jelpə] <hjalp, hjulpet> helfen

hofte ['hɔftə] Hüfte

holde ['hɔlə] halten, holde op ['hɔlə ɔp] aufhören

homoseksuel ['homoseksuel] homosexuell

honning ['hɔniŋ] Honig

hos [hɔs] bei

hoste ['hostə] Husten

hostesaft ['hostəsaft] Hustensaft

hotel [ho'tel] *n.* Hotel

hoved ['howəð] *n.* Kopf

hovedpine ['howəðpi:nə] Kopfweh

hovedpude ['howəðpuðə] Kopfkissen

hovedret ['howəðret] Hauptspeise

Hr. [her] *(abgekürzte Anrede)* Herr

hue ['huə] Mütze

hul [hu:l] *n.* Loch

hule ['hu:lə] Höhle

hun [hun] *(Personalpronomen: 3. Person Singular)* sie

hund [hun] Hund
hundegalskab ['hunəgalskäb] Toll-
  wut
hunkøn ['hunkön] *n. (in deutscher*
  Grammatik) weibliches
  Geschlecht
hurtig ['hurti] schnell
hus [hus] *n.* Haus
husdyr ['husdür] *n.* Haustier
huske ['huskə] sich erinnern (an),
  Jeg husker ham. [jai 'huskər
  ham] Ich erinnere mich an ihn.
husvin ['huswi:n] Hauswein
hvad [wað] was
hvem [wem] wer
hver [wer] *(vor einem Nomen)*
  jeder
hvid [wið] weiß
hvidvin ['wiðwi:n] Weißwein
hvis [wis] wessen
hvor [wor] wo
hvorfor [wor'for] warum
hvornår [wor'nour] wann
hyggelig ['hügəli] gemütlich
hygiejnebind ['hügiainəbin] *n.*
  Damenbinde, Slipeinlage
hætte ['hetə] Kappe
hæve ['häwə] *(Geld vom Konto)*
  abheben
høj [hɔi] *(hoch, hochgewachsen)*
  groß
højde ['hɔidə] Höhe
højglans [hɔiglans] Hochglanz
højlydt ['hɔilüt] *(unangenehm)* laut
højre ['hɔirə] rechter, rechte, rech-
  tes; til højre [til 'hɔirə] nach
  rechts
høne ['hönə] Huhn

høre ['hörə] hören
høresvag ['höreswä] schwerhörig
hånd [hɔn] Hand
håndklæde [hɔnklädə] *n.* Hand-
  tuch
hår [hour] *n.* Haar

I

i [i] in, i alt [i alt] insgesamt, i de
  sidste tre dage [i di 'sidstə tre:
  'däjə] seit drei Tagen, i forgårs [i
  'forgours] vorgestern, i går [i
  gour] gestern, Jeg går i bageriet.
  [jai gour i 'bäjəriət] Ich gehe zur
  Bäckerei.
I [i] *(Personalpronomen)* ihr
idé [i'de:] Idee
idræt ['idret] Sport
ikke ['ikə] nicht
ikkeryger ['ikərüər] Nichtraucher,
  Nichtraucherin
ikkerygerkupé ['ikərüərkupe:]
  Nichtraucher(abteil)
ild [il] Feuer
iltflaske ['iltflaskə] *(für Taucher)*
  Sauerstoffflasche
imod [i'moð] gegen
ind [in] herein, Kom ind! [kɔm in]
  Herein!
indbyde ['inbüðə] <indbød,
  indbudt> einladen
indbydelse ['inbüðəlsə] Einladung
inden ['inən] *(zeitlich früher)* vor,
  (zeitliche Abgrenzung) inden for
  ['inən for] innerhalb, *(räumliche*
  Abgrenzung) inden i ['inən for]
  innerhalb
indenfor ['inənfor] drinnen

indeni ['inəni] innen
indgang ['ingang] Eingang
indkøbscenter ['inköbssentər] *n.* Einkaufszentrum
indlogering [inlo'schering] Unterbringung
indløse ['inlösə] einlösen
indmelde ['inmelə] *(für eine Schule etc.)* anmelden, indmelde sig ['inmelə sai] sich anmelden
indrejse ['inraisə] Einreise
indsprøjtning ['insproitning] Spritze
indtil ['intil] bis
information [informasi'on] Information
informationsdisk [informasi'onsdisk] Informationsschalter
ingen ['ingən] keiner, keine, keines, kein
ingenting ['ingənting] nichts
insekt [in'sekt] *n.* Insekt
insektstik [in'sektstik] *n.* Insektenbiss
insulin [insu'li:n] *n.* Insulin
interessant [intəre'sant] interessant
internet ['intərnet] *n.* Internet
intet ['intət] kein, keine; nichts
intetkøn ['intətkön] *n. (in dänischer/deutscher Grammatik)* sächliches Geschlecht
is [i:s] Eis
isstadion ['i:sstadion] *n.* Eisstadion
itu [i'tu] kaputt

J

ja [ja] ja
jagt [jagt] Jagd
jakke ['jakə] Jacke
jakkesæt ['jakəset] *n.* Anzug
januar ['januar] Januar
jeans [dschi:ns] Jeans
jeg [jai] ich
jer [jer] *(reflexiv)* euch
jeres ['jerəs] euer, eure
jordbær ['jorbär] *n.* Erdbeere
jul [ju:l] Weihnachten, Glædelig jul! ['gläðəli jul] Frohe Weihnachten!
juli ['juli] Juli
juni ['juni] Juni
juvelér [juwə'ler] Juwelier, Juwelierin
jyde ['jüðə] Jütländer, Jütländerin
Jylland ['jülan] *n.* Jütland
jysk [jüsk] jütländisch
jøde ['jöðə] Jude, Jüdin
jødisk ['jöðisk] jüdisch

K

kabel ['käbəl] *n.* Kabel
kaffe ['kafə] Kaffee
kage ['käjə] Kuchen
kakao [ka'kau] Kakao
kakerlak ['kakərlak] Kakerlake
kam [kam] Kamm
kamera ['kaməra] *n.* Kamera
kampere [kam'perə] zelten
karantæne [karan'tänə] Quarantäne
kartoffel [kar'tɔfəl] Kartoffel
kasino [ka'si:no] *n.* Spielkasino

kasse ['kasə] Kasse
kat [kat] Katze
kende ['kenə] kennen
ketchup ['ketschup] Ketchup
ketsjer ['ketsjər] *(Tennis, Federball, Tischtennis)* Schläger
kikkert ['kikərt] Fernglas
kiks [kiks] Keks
kilogram ['kilogram] *n.* Kilogramm
kilometer ['kilomätər] Kilometer
kiosk [kiɔsk] Kiosk
kirke ['kirkə] Kirche
kjole ['kjolə] Kleid
klage ['kläjə] Beschwerde, Klage
klage ['kläjə] klagen, sich beschweren
klapvogn [klapwoun] Kinderwagen
klint [klint] Steilküste
klippe ['klipə] Fels
klokken ['klɔkən] *(Uhrzeitangabe)* um
klokkeslæt ['klɔkəslet] *n.* Uhrzeit
klæde ['kläðə] *n.* Tuch, klæder ['kläðər] *n. Pl.* Kleidung
klædeskab ['kläðəskäb] *n.* Kleiderschrank
klø [klö] Jucken
knap [knap] Knopf
knappenål ['knapənoul] Stecknadel
kniv [kniu] Messer
knogle ['kno:lə] Knochen
kobling ['kɔbliŋ] Kupplung
koge ['kouə] kochen
kok [kɔk] Koch, Köchin
kold [kɔl] kalt
komfur [kɔm'fur] *n.* Herd

komme ['kɔmə] <kom, kommet> kommen
kommission [kɔmischi'on] Kommission
kompas [kɔm'pas] *n.* Kompass
koncert [kɔn'sert] Konzert
konditori [kondito'ri] *n.* Konditorei
kondom [kɔn'dom] *n.* Kondom
kone ['konə] Frau, Ehefrau
konsulat [kɔnsu'lät] *n.* Konsulat
konsultationstid [kɔnsultasi'onstið] Sprechstunde
kontant [kɔn'tant] bar (zahlen), *(Plural)* kontanter [kɔn'tantər] Bargeld
konto ['kɔnto] Konto
kontonummer ['kɔntonumər] *n.* Kontonummer
kontor [kɔn'tor] *n.* Büro
kontrakt [kɔn'trakt] Vertrag
kontrol [kɔn'trɔl] Kontrolle
kontrollere [kɔntrɔ'lerə] kontrollieren
kop [kɔp] Tasse
kort [kort] *n. (Post- , Speise- oder Landkarte)* Karte
kort [kort] *(von geringer Länge)* kurz
koste ['kɔstə] kosten
krabbe ['krabə] Krabbe
kreditkort [kre'ditkort] *n.* Kreditkarte
kreditkortnummer [kre'ditkortnumər] *n.* Kreditkartennummer
krig [kri] Krieg
kristelig ['kristəli] christlich

krone ['kronə] *(dänische Währung)* Krone

krop [krɔp] Körper

krus [krus] *n.* Becher

krydret ['krüðrət] *(Geschmack)* scharf

krykke ['krükə] Krücke

kuffert ['kɔfərt] Koffer

kuglepen ['kuləpen] Kugelschreiber

kun [kun] nur

kunne ['kunə] <kunne, kunnet> können, Jeg kan gøre det for dig. [jai kan 'görə dä for dai] Ich kann das für dich tun., kunne lide ['kunə li:] mögen, Kan du godt lide rugbrød? [kan du gɔt li: 'rubrøð] Magst du Roggenbrot?

kunst [kunst] Kunst

kunstgenstand ['kunstgenstan] Kunstgegenstand

kunsthåndværk ['kunsthɔnwerk] *n.* Kunsthandwerk

kurs [kurs] Kurs, Richtung

kursus ['kursus] *n.* Kurs, Lehrgang

kurv [kurw] Korb

kusine [ku'sinə] Cousine

kuvert [ku'wert] Gedeck

kvadratmeter [kva'dra:tmätər] Quadratmeter

kvalitet [kwali'tät] Qualität

kvalme ['kwalmə] Übelkeit

kvart [kwart] viertel, kvart i/over fem [kwart i/'ouər fem] viertel vor/nach fünf

kvartal [kwartäl] *n.* Vierteljahr

kvinde ['kwinə] Frau

kvindelig ['kwinərli] weiblich

kvittering [kvi'tering] Quittung

kylling ['küling] Hähnchen

kys [küs] *n.* Kuss

kysse ['küsə] küssen

kyst [küst] Küste

kælder ['kelər] Keller

kælderetage ['keləretäschə] Untergeschoss

kæmpe ['kempə] kämpfen

kæreste ['kärəstə] *(Partner(in))* Freund, Freundin

kærlighed ['kärliheð] Liebe

kø [kö:] *(wartende Menschen)* Schlange

købe ['kö:bə] kaufen, købe ind ['kö:bə in] einkaufen

København [köbən'haun] Kopenhagen

kød [köð] *n.* Fleisch

køkken ['kökən] *n.* Küche

køle ['kölə] kühlen

køleskab ['köləskäb] *n.* Kühlschrank

kølle ['kölə] (Golf)schläger

køn [kön] schön, attraktiv

køre ['körə] fahren

kørekort ['körəkort] *n.* Führerschein

køreplan ['körəplän] Fahrplan

kørestol ['körəsto:l] Rollstuhl

køretur ['körətur] *(mit dem Auto)* Fahrt

L

lade [läðə] laden

lagen ['läjən] *n.* Bettlaken

lagkage ['laukäjə] Torte

land [lan] *n.* Land
landkort ['lankort] *n.* Landkarte
landsby ['lansbü] Dorf
lang [laŋ] lang
langrend ['laŋgren] *n.* Langlauf
langsom ['laŋsɔm] langsam
langsomt ['laŋsɔmt] langsam
lastbil [lastbi:l] Lastkraftwagen
lave ['läwə] machen, lave mad
    ['läwə mað] kochen
le [lä:] <lo, leet> lachen
lede ['läðə] führen
ledning ['leðniŋ] Kabel
legal [le'gäl] legal
lege ['laijə] spielen
legeme ['läjmə] *n.* Körper
legitimationskort
    ['legitimasionskort] *n.* Ausweis
leje ['laijə] Miete
leje ['laijə] mieten
lejlighed ['lailiheð] Wohnung,
    Gelegenheit, Chance
lesbisk ['lesbisk] lesbisch
let [let] einfach, leicht
lette ['letə] *(Flugzeug vom Boden)*
    abheben
leve ['le:wə] leben
lever ['lewər] Leber
levnedsmidler ['lewnəðsmiðlər] *Pl.*
    Lebensmittel
lide ['liðə] <led, lidt> leiden
lidt [lit] *(vor unzählbaren Nomen)*
    wenig
lige ['liə] gerade, lige ud ['liə uð]
    geradeaus, lige ved ['liə weð] bei
ligge ['ligə] <lå, ligget> liegen
lighter ['laitər] Feuerzeug
likør [li'kör] Likör

lilla ['lila] lila
lille ['lilə] *(vor Singularnomen)*
    klein, kleine
limonade [limo'näðə] Limonade
linse ['linsə] *(Hülsenfrucht, Schicht
    des Auges)* Linse
liter [litər] Liter
liv [liu] *n.* Leben
lok [lɔk] Locke
lomme ['lɔmə] *(an einem Kleidungs-
    stück)* Tasche
lommekniv ['lɔməkniu] Taschen-
    messer
lommeregner ['lɔmərainər]
    Taschenrechner
lommetørklæde ['lɔmətörkläðə] *n.*
    Taschentuch
lotion [loschi'on] Lotion
luft [luft] Luft
lufthavn ['lufthaun] Flughafen
lugte ['lugtə] riechen
lukke ['lukə] schließen
lukket ['lukət] zu, geschlossen
lunge ['luŋə] Lunge
lus [lus] Laus, Läuse
lykke ['lükə] Glück, Til lykke med
    fødselsdagen/brylluppet! [til
    'lükə með 'fødsəlsdään/'brülupət]
    Alles Gute zum Geburtstag/zur
    Hochzeit!
lykkelig ['lükəli] glücklich
lynlås ['lünlous] Reißverschluss
lys [lüs] *n.* Licht
lys [lüs] hell
lyskurv ['lüskurw] Ampel
lystig ['lüsti] lustig
lytte ['lütə] zuhören
læbe ['lä:bə] Lippe

læbestift ['lä:bəstift] Lippenstift
læder ['leðər] *n.* Leder
læge ['läjə] Arzt, Ärztin; praktise-
rende læge [prakti'serənə 'läjə]
Allgemeinarzt, Allgemeinärztin
lægemiddel ['läjəmiðəl] *n.* Medizin,
Heilmittel
lægge ['legə] <lagde, lagt> legen
lækker ['lekər] lecker
lænestol ['länəsto:l] Sessel
længde ['lengdə] Länge
længe ['lengə] lange
lære ['lärə] lernen
læse ['läsə] lesen
løbe ['löbə] <løb, løbet> laufen,
rennen
løg [lɔi] *n.* Zwiebel
lørdag ['lörda] Samstag
løsning ['lösning] Lösung
låge ['louə] Tor
lås [lous] *(zum Abschließen)*
Schloss
låset ['lousət] zu, verschlossen

M

maj [mai] Mai
maleri [mälə'ri] *n.* Bild, Gemälde
man [man] man
mand [man] Mann, Ehemann
mandag ['manda] Montag
mandlig ['manli] männlich
mange ['mangə] viele
mangel ['mangəl] Mangel
mangelfuld ['mangəlful] defekt
mangle ['manglə] fehlen
mark [mark] Feld
marked ['markəð] *n.* Markt

marmelade [marmə'läðə] Marme-
lade
marts [marts] März
maskine [mas'ki:nə] Maschine
massage [ma'säschə] Massage
mat [mat] matt
mave ['mäwə] Bauch, Magen
mayonnaise [maijɔ'näsə] Mayon-
naise
med [með] mit
meddelelse ['meðde:ləlsə] Durch-
sage, Nachricht
medicin [medi'si:n] *(Heilkunst)*
Medizin
medlemskort ['meðlemskort] *n.*
(Mitglieds)ausweis
megen ['maiən], o **meget** ['maiət]
(Adjektiv) viel
meget ['maiət] *(Adverb)* sehr
mejeriprodukt [maijə'ri prɔ'dukt] *n.*
Milchprodukt
mel [me:l] *n.* Mehl
mellem ['meləm] zwischen
melon [me'lo:n] Melone
men [men] aber
mene ['me:nə] meinen
mening ['me:ning] Meinung
menneske ['menskə] *n.* Mensch
menstruation [menstruasi'on]
Menstruation
menu [me'nü] Menü
mere ['merə] mehr
messe ['mesə] Messe
mest [me:st] meist
metal [me'tal] *n.* Metal
meter ['mätər] Meter
metro ['mätro] U-Bahn

middag ['mida] Mittag, *(warme Mahlzeit)* Mittag-/Abendessen, om middagen [ɔm 'midäən] mittags

middagsmad ['midäsmað] Mittagessen

middagsmenu ['midäs me'nü] Mittagsmenü

middel ['miðəl] *n.* Mittel, smertestillende middel ['smertəstilənə 'miðəl] *n.* Schmerzmittel

midte ['mitə] Mitte

mig [mai] *(reflexiv)* mich

migræne [mi'gränə] Migräne

mikroovn ['mikroou̯n] Mikrowelle

mild [mil] mild

militær [mili'tär] *n.* Militär

min [mi:n], o **mit** [mit], Pl. **mine** [mi:nə] mein, meine

mindre ['mindrə] *(vor unzählbaren Nomen)* weniger

minus ['minus] minus

minut [mi'nut] *n.* Minute

miste ['mistə] verlieren

mobiltelefon [mo'biltelefon] Handy

mode ['moðə] Mode

modig ['moði] mutig

modtager ['moðtäər] Empfänger, Empfängerin

mor [mor] Mutter

morbror ['morbror] Onkel

morfar ['morfar] Großvater

morgen ['morən] Morgen, i morgen [i 'morən] morgen, om morgenen [ɔm 'morənən] morgens

morgenmad ['morənmað] Frühstück

mormor ['mormor] Großmutter

morsom ['morsɔm] amüsant

moské [mɔ'ske:] Moschee

moskito [mɔ'skito] Moskito

moskitonet [mɔ'skitonet] *n.* Moskitonetz

motor ['motor] Motor

motorcykel ['motorsükəl] Motorrad

motorvej ['motorwai] Autobahn

motorvejstilkørsel ['motorwaistilkörsəl] Autobahnauffahrt

mulig ['muli] möglich

mulighed ['muliheð] Möglichkeit

mund [mun] Mund

mur [mur] Mauer

mus [mus] Maus

musik [mu'sik] Musik

muslimsk [mu'slimsk] muslimisch

myre ['mürə] Ameise

mælk [mälk] Milch

mæslinger *Pl.* ['meslingər] Masern

mæt [met] satt

møbel ['möbəl] *n.* Möbel

møde ['möðə] *n.* Treffen

mødes ['möðəs] sich treffen

mønt [mönt] Münze, Währung

mørk [mörk] dunkel

mål [moul] *n. (Resultat des Messens)* Maß, *(Treffer beim Fußball usw.)* Tor

målestok ['mouləstɔk] Maßstab

måne ['mounə] Mond

måned ['mounəð] Monat

måske [mou'ske:] vielleicht

måtte ['mɔtə] Matte

måtte [mɔtə] <måtte, måttet> müssen, Jeg må tage afsted i morgen. [jai̯ mou̯ ta a'steð i 'morən] Ich muss morgen abreisen., *(autorisiert sein)* dürfen, Det må man ikke. [dä mou̯ man 'ikə] Das darf man nicht.

N

nakke ['nakə] Nacken
narresut ['narəsut] Schnuller
nat [nat] Nacht, om natten [ɔm 'natən] nachts
nationalitet [nasionali'tät] Nationalität
natur [na'tur] Natur
navn [nau̯n] *n.* Name
nede ['neðə] unten
nederdel ['neðərde:l] Rock
nedsættelse ['neðsetəlsə] Ermäßigung
negl [nai̯l] *(an Fingern und Zehen)* Nagel
negleklipper ['nai̯ləklipər] Nagelknipser
neglelak ['nai̯lələak] Nagellack
nej [nai̯] nein
nem [nem] leicht, einfach
net [net] *n.* Netz
nogen ['nou̯ən] jemand
noget ['nou̯ət] etwas
nord ['nor] Norden
normal [nor'mäl] normal
november [no'wembər] November
nu [nu] jetzt
nudel ['nuðəl], Nudel, nudler ['nuðlər] *Pl.* Nudeln
nummer ['numər] *n.* Nummer

ny [nü] neu
nytårsaften ['nütou̯rsaftən] Silvester
nær [när] nah
nærtrafiktog ['närtrafiktou̯] *n.* Nahverkehrszug
næse ['näsə] Nase
næste ['nestə] nächster, nächste, nächstes
næsten ['nestən] fast
nød [nöð] Nuss
nødstilfælde ['nöðstilfelə] *n.* Notfall
nødvendig [nöð'wendi] nötig
nøgle ['nɔi̯lə] Schlüssel

O

ocean ['oseän] *n.* Ozean
offentlig ['ɔfəntli] öffentlich
ofte ['ɔftə] oft
og [o] und
også ['ɔsə] auch
oksekød ['ɔksəköð] *n.* Rindfleisch
oktober [ɔk'tobər] Oktober
olie ['oliə] Öl
om [ɔm] *(Konjunktion)* ob, Jeg ved ikke, om vi kan komme. [jai̯ weð 'ikə ɔm wi kan 'kɔmə] Ich weiß nicht, ob wir kommen können., *(Präposition)* über, Jeg vil gerne have en bog om dansk mad. [jai̯ wil 'gernə ha e:n bou̯ ɔm dansk mað] Ich hätte gern ein Buch über die dänische Küche., Om dagen går jeg til stranden. [ɔm 'dään gou̯r jai̯ til 'stanən] Tagsüber gehe ich zum Strand., um, Må jeg bede om en kop te?

[mou jai be: ɔm e:n kɔp te:] Darf ich um eine Tasse Tee bitten?

omkring ['ɔmkriŋ] *(räumlich)* um ... herum, *(zeitlich)* ungefähr

omtrent ['ɔmtrent] ungefähr

onkel ['ɔnkəl] Onkel

onsdag ['onsda] Mittwoch

opera ['opəra] Oper

ophold ['ɔphɔl] *n.* Aufenthalt, ophold undervejs ['ɔphɔl 'unərwais] Zwischenstopp

opladningsapparat ['ɔplädniŋsapara:t] *n.* Ladegerät

oplysning ['ɔplüsniŋ] Auskunft

opløsning ['ɔplösniŋ] *(chemisch)* Lösung

oppe ['opə] oben

opringning ['ɔpriŋniŋ] Anruf

opskrift ['ɔpskrift] (Koch)rezept

optaget ['ɔptäət] besetzt

optiker ['ɔptikər] Optiker, Optikerin

orange [ɔ'raŋschə] Orange

ord [or] *n.* Wort

ordbog ['orbou] Wörterbuch

orden ['ordən] Ordnung

os [ɔs] uns

ost [oust] Käse

ovenpå ['oənpou] oben

over ['ouər] über

overdosis ['ouərdo:sis] Überdosis

overfalde ['ouərfalə] überfallen

overføre ['ouərförə] überweisen

overførsel ['ouərförsəl] Überweisung

overmorgen ['ouərmorən] übermorgen

overnatningsmulighed ['ouərnatniŋsmuliheð] Übernachtungsmöglichkeit

overraske ['ouərraskə] überraschen

oversætte ['ouərsetə] <oversatte, oversat> übersetzen

oversætter ['ouərsetər] Übersetzer, Übersetzerin

ovn ['o:ən] (Back)ofen

P

paddehat ['pädəhat] (Gift)pilz

pakke ['pakə] Paket

pakke ['pakə] packen, pakke ind ['pakə in] einpacken

pakning ['pakniŋ] Packung

palads [pa'las] *n.* Palast

pande ['panə] Pfanne

papir [pa'pir] *n.* Papier

papirslommetørklæde ['papirslɔmətörkläðə] *n.* Papiertaschentuch

par [pa] *n.* Paar

paragliding ['paraglaidiŋ] Gleitschirmfliegen

paraply [para'plü] Regenschirm

parfume [par'füm] Parfum

park [park] Park

parkere [par'kerə] parken

parkeringsplads [par'keriŋsplas] Parkplatz

parlament [parla'ment] *n.* Parlament

parti [par'ti] *n.* Partei

♂ **partner** ['partnər], ♀ **partnerske** ['partnərskə] Partner, Partnerin

party ['parti] *n.* Party
pas [pas] *n.* Pass
passe ['pasə] passen, Det passer mig (ikke). [dä 'pasər mai̯ 'ikə] Das passt mir (nicht)., Pas på! [pas po̯u] Aufgepasst!
patient [paschi'ent] Patient, Patientin
pause ['pau̯sə] Pause
peber ['pebər] *n.* Pfeffer
pedal [pe'däl] Pedal
penge ['peŋə] *Pl.* Geld
pengeautomat ['peŋəau̯tomät] Geldautomat
pengeseddel ['peŋəseðəl] Geldschein
pengeskab ['peŋəskäb] *n. (Geldschrank)* Safe
penis ['pe:nis] Penis
pensionat [paŋsio'nät] *n. (Unterbringung für Gäste)* Pension
pensionist [paŋsio'nist] Rentner, Rentnerin
perron [pä'rɔŋ] Bahnsteig
person [per'so:n] Person, handikappet person ['handikapət per'son] Behinderter, Behinderte
pibe ['pi:bə] *(zum Rauchen)* Pfeife
pige ['pi:ə] Mädchen
pigenavn ['pi:ənau̯n] *n.* Mädchenname
pille ['pilə] Pille
pizza ['pisa] Pizza
plads [plas] Platz
plan [plän] Plan
plante ['plantə] Pflanze
plastic ['plastik] *n.* Plastik, Kunststoff

plastik ['plastik] *(Skulptur)* Plastik
plus [plus] plus
politi [pɔli'ti] *n.* Polizei
politibetjent [pɔli'tibətjent] Polizist, Polizistin
politistation [pɔli'ti stasi'on] Polizeiwache
pommes frites [pɔm frits] Pommes frites
porre ['porə] Lauch
port [port] Tor
porto ['porto] Porto
pose ['po:sə] Tüte
post [pɔst] Post
posthus ['pɔsthus] *n.* Post(filiale)
postkort ['pɔstkort] *n.* Postkarte
postnummer ['pɔstnumer] *n.* Postleitzahl
potageske [pɔ'tä:schəske:] Suppenlöffel, Suppenkelle
potte ['pɔtə] (Keramik)topf
pottemagervarer ['pɔtəmäjərwarər] *Pl.* Töpferwaren
praksis ['praksis] Praxis
printer ['printər] Drucker
pris [pri:s] Preis, Det er prisen værd. [dä er 'pri:sən wär] Das ist preiswert.
problem [prɔ'ble:m] *n.* Problem
procent [pro'sent] Prozent
program [prɔ'gram] *n.* Programm
prop [prɔp] Korken
proptrækker ['prɔptrekər] Korkenzieher
prospekt [prɔ'spekt] *n.* Prospekt
protestere [prɔtes'terə] protestieren
præcis [prä'si:s] genau, pünktlich

prøve ['pröwə] probieren, versuchen; prüfen

pude ['puðə] Kissen

pudebetræk ['puðəbətrek] *n.* Kissenbezug

pullover [pu'lowər] Pullover

pumpe ['pumpə] Pumpe

pund [pun] *n.* Pfund

punkt [punkt] *n. (Thema, Stelle)* Punkt

punktlig ['punktli] pünktlich

punktum ['punktum] *n. (Satzzeichen)* Punkt

puslerum ['puslərum] *n.* Wickelraum

pæn [pä:n] schick, adrett; freundlich, nett; Det er pænt af dig. [dä er pä:nt a dai] Das ist nett von dir.

pære ['pärə] Birne

pølse ['pölsə] Wurst

på [pou] *(Lage)* auf, an; Avisen ligger på bordet. [a'wisən 'ligər pou 'borət] Die Zeitung liegt auf dem Tisch.; på stranden [pou 'stranən] am Strand; *(Uhrzeit)* um; på det tidspunkt [pou dä 'tiðspunkt] um diese Zeit

R

rabat [ra'bat] Rabatt

radio ['radio] Radio

rar [rar] nett

rask [rask] gesund

realistisk [rea'listisk] realistisch

reb [re:b] *n.* Seil

recept [re'sept] *(vom Arzt)* Rezept

redde ['reðə] retten

rede ['re:ðə] kämmen

redningsvest ['reðningswest] Rettungsweste

regering [re'gering] Regierung

registreringsattest ['registreringsatest] Fahrzeugschein

regn [rain] Regen

regne ['rainə] regnen, rechnen

regnfrakke ['rainfrakə] Regenmantel

regning ['raining] *(im Restaurant)* Rechnung

regnskab ['rainskäb] *n. (in der Buchhaltung)* Rechnung

reje ['raijə] Krabbe

rejse ['raisə] Reise, God rejse! [goð 'raisə] Gute Reise!

rejse ['raisə] reisen, rejse ind ['raisə in] einreisen, rejse væk ['raisə wek] abfahren

rejsebureau ['raisəbüro] *n.* Reisebüro

rejsecheck ['raisətschek] Reisescheck

rejsefører ['raisəförər] Reiseführer, Reiseführerin

rejsehåndbog ['raisəhɔnbou] *(Buch)* Reiseführer

rejsepas ['raisəpas] *n.* Reisepass

religion [religi'on] Religion

ren [re:n] *(unverschmutzt)* sauber, *(pur)* rein

rengøring ['re:ngöring] Reinigung, Säubern

renseri [rense'ri] *n. (Geschäft)* Reinigung

rensning ['rensniŋ] *(von Kleidern)* Reinigung

reol [re'ol] Regal

reparation [reparasi'on] Reparatur

reparere [repa'rerə] reparieren

reservere [reser'werə] reservieren

reservering [reser'weriŋ] Reservierung

reserveringsnummer [reser'weriŋsnumər] *n.* Reservierungsnummer

restaurant [resto'raŋ] Restaurant

ret [ret] *(Mahlzeit oder Rechtsinstanz)* Gericht

retning ['retniŋ] Richtung

ride ['ri:ðə] <red, redet> reiten

rig [ri] reich

rigtig ['rigti] richtig

ringe ['riŋə] klingeln, ringe op ['riŋə ɔp] anrufen

ris [ri:s] Reis

rist [rist] *(für das Grillen)* Rost

rolig ['roli] ruhig

romantisk [ro'mantisk] romantisch

ror [ror] *n.* Pinne

rosa ['rosa] rosa

rose ['rosə] Rose

rosé [ro'sä] Rosé

rotte ['rɔtə] Ratte

rugbrød ['rubröð] *n.* Schwarzbrot

ruin [ru'in] Ruine

rulletrappe ['rulətrapə] Rolltreppe

rum [rum] *n.* Raum

rund [run] rund

rundstykke ['runstükə] *n.* Brötchen

rust [rust] Rost

rute ['rutə] Route

rutebil ['rutəbi:l] Reisebus

rutsche ['rutschə] rutschen

ryg [rüg] Rücken

ryge ['rüə] <røg, røget> rauchen

rygekupé ['rüəkupe:] Raucherabteil

ryger ['rüər] Raucher, Raucherin

rygsæk ['rügsek] Rucksack

rød [röð] rot

rødvin ['röðwi:n] Rotwein

røve ['röwə] rauben

rå [rou] roh

råbe ['roubə] schreien

rådden ['rɔðən] verfault

S

sadel ['saðəl] Sattel

saft [saft] Saft

sagte ['sachtə] leise

saks [saks] Schere

sal [säl] Etage, Stockwerk; Saal

salat [sa'lät] Salat

salt [salt] *n.* Salz

saltet ['saltət] salzig

samme ['samə] gleich

sammen ['samən] zusammen, gemeinsam

samtale ['samtälə] Gespräch

sand [san] *n.* Sand

sand [san] wahr, Ikke sandt? ['ikə sant] Nicht wahr?

sandal [san'däl] Sandale

sang [saŋ] Lied

sauna ['sauna] Sauna

se [se:] <så, set> sehen, se ud [se: uð] aussehen, se fjernsyn [se: 'fjernsün] fernsehen

sejle ['sailə] segeln

sekund [se'kund] *n.* Sekunde

selskab [ˈselskäb] *n.* Party, Gesellschaft

selvbetjening [ˈselbətjeniŋ] Selbstbedienung

selvforsørger [ˈselforsörjər] Selbstversorger

sen [se:n] spät, Vi kommer for sent/senere. [wi ˈkɔmər for se:nt/se:nərə] Wir kommen zu spät/später.

sende [ˈsenə] senden

seng [seŋ] Bett

sengetøj [ˈseŋətɔi] *n.* Bettzeug

sennep [ˈsenəp] Senf

september [sepˈtembər] September

serviet [serwiˈet] Serviette

servitrice [serwiˈtri:sə] Kellnerin

sex [seks] Sex

shampoo [schamˈpu] Shampoo

show [scho:] *n.* Show

sidde [ˈsiðə] <sad, siddet> sitzen

side [ˈsi:ðə] Seite

siden [ˈsi:ðən] *(ab einem bestimmten Zeitpunkt)* seit

sidst [sidst] letzter, letzte, letztes

sig [sai] sich

sikker [ˈsikər] sicher

sikkerhedssele [ˈsikərheðsse:lə] Sicherheitsgurt

silke [ˈsilkə] Seide

sin [si:n], o **sit** [sit], Pl. **sine** [ˈsi:nə] *(einer Person zugeordnet, die Subjekt des Satzes ist)* sein, seine; Han elsker sin kone. [han ˈelskər si:n ˈkonə] Er liebt seine Frau.

sjov [schio] Spaß, Det er sjovt. [dä er schiot] Das ist lustig.

sjælden [ˈschelən] *(Adjektiv)* selten

sjældent [ˈschelənt] *(Adverb)* selten

Sjælland [ˈschelan] *n. (dänische Insel)* Seeland

sjællandsk [ˈschelansk] seeländisch

sjællænder [ˈschelenər] Seeländer, Seeländerin

skab [skäb] *n.* (Kleider)schrank

skade [ˈskäðə] Verletzung

skarp [skarp] *(Klinge)* scharf

skateboard [ˈskätbord] *n.* Skateboard

ske [ske:] Löffel

skede [ˈske:ðə] Vagina

ski [ski] Ski

skib [ski:b] *n.* Schiff

skifte [ˈskiftə] wechseln, Jeg skal skifte tog. [jai skal ˈskiftə tou] Ich muss umsteigen.

skilt [skilt] *n.* Schild, Wegweiser

skilt [skilt] geschieden

skinke [ˈskinkə] Schinken

skinne [ˈskinə] *(Sonne)* scheinen

skipas [ˈskipas] *n.* Skipass

skistav [ˈskistäw] Skistock

skistøvle [ˈskistöulə] Skischuh

skitræk [ˈskitrek] *n.* Skilift

skive [ˈski:wə] Scheibe

skjorte [ˈskjortə] Hemd

sko [sko:] Schuh

skole [ˈsko:lə] Schule

skotøjsforretning ['sko:tɔisforetniŋ] Schuhge-schäft

skov [skou̯] Wald

skraldespand ['skraləspan] Mülleimer

skride ['skri:ðə] <skred, skredet> *(Fahrzeug)* rutschen

skriftlig ['skriftli] schriftlich

skrige ['skri:ə] <skreg, skreget> schreien

skrive ['skri:wə] <skrev, skrevet> schreiben

skrædder ['skreðər] Schneider, Schneiderin

skulder ['skulər] Schulter

skulle ['skulə] <skulle, skullet> müssen, Jeg skal betale min regning. [jai̯ skal bə'tälə mi:n 'raining] Ich muss meine Rechnung bezahlen., Du skulle rede din seng. [du 'skulə 're:ðə din seng] Du solltest dein Bett machen.

skulptur [skulp'tur] Skulptur

skyldig ['sküldi] schuldig

skæg [skäg] *n.* Bart

skæl [skel] *n. (vom Fisch, im Haar)* Schuppe(n)

skære ['skärə] <skar, skåret> *(mit einer Klinge)* schneiden

skøjtebane ['skɔitəbänə] Eisbahn

skøjteløb ['skɔitəlöb] *n.* Eislaufen

skøn [skön] schön

skønhedssalon ['skönheðs sa'lɔng] Schönheitssalon

skål [skou̯l] Schüssel

Skål! ['skou̯l] Prost!

slagter ['slagtər] Metzger, Metzgerin; Fleischer, Fleischerin

slagteri [slagtə'ri] *n.* Metzgerei, Fleischerei

slange ['slaŋə] *(Tier)* Schlange, *(Innenteil eines Rads)* Schlauch

slank [slank] schlank

slappe ['slapə] lockern, slappe af ['slapə ä] entspannen

slot [slɔt] *n. (Gebäude)* Schloss

slukke ['slukə] ausmachen, ausschalten

slutning ['slutniŋ] Schluss

smag [smä] Geschmack

smage ['smäə] schmecken

smal [smal] schmal

smerte ['smertə] Schmerz

smertefuld ['smertəful] schmerzhaft

smile ['smi:lə] lächeln

smuk [smuk] schön, attraktiv

smør [smör] *n.* Butter

små *Pl.* [smou̯] *(vor Pluralnomen)* kleine

småkage ['smɔkäjə] Plätzchen, Keks

småpakke ['smɔpakə] Päckchen

småpenge ['smɔpeŋə] *Pl.* Kleingeld

snaps [snaps] Schnaps

snart [snart] bald

snavset ['snau̯sət] schmutzig

sne [sne:] Schnee

snegl [snai̯l] Schnecke

snorkel ['snorkəl] Schnorchel

snorkle ['snorklə] schnorcheln

snowboard ['sno:bord] *n.* Snowboard

snørebånd ['snörəbɔn] *n.* Schnürsenkel

sofa ['sofa] Sofa

sojabønne ['sojabönə] Sojabohne

sojamælk ['sojamelk] Sojamilch

sok [sɔk] Socke

sol [so:l] Sonne

soldat [sɔldät] Soldat, Soldatin

solhede ['so:lheðə] Sonnenbrand

solnedgang ['so:lneðgang] Sonnenuntergang

solrig ['so:lri] sonnig

solstik ['so:lstik] *n.* Sonnenstich

sommer ['sɔmər] Sommer

sommerfugl ['sɔmərfu:l] Schmetterling

sommetider ['sɔmətiðər] manchmal

soppebassin ['sɔpəbaseng] *n.* Planschbecken

sort [sort] schwarz

souvenir [suwə'nir] Souvenir

sove ['so:wə] <sov, sovet> schlafen

soveværelse ['so:wəwärəlsə] *n.* Schlafzimmer

sovs [souws] Soße

spadseretur ['spasertur] Spaziergang

spare ['sparə] sparen

specialist [spesia'list] Spezialist, Spezialistin

specialitet [speciali'tät] Spezialität

spejl [spail] *n.* Spiegel

spejlæg ['spaileg] *n.* Spiegelei

spille ['spilə] *(im Sport, ein Instrument)* spielen

spilleregel ['spilərääl] Spielregel

spinat [spi'nät] Spinat

spiritus ['spiritus] Spirituosen

spise ['spi:sə] essen, spise morgenmad ['spi:sə 'morənmað] frühstücken

spisekort ['spi:səkort] *n.* Speisekarte

spisevogn ['spi:səvoun] Speisewagen

spor [spor] *n. (für Züge)* Gleis, *(Straßenabschnitt)* Spur

sport [sport] Sport

sportsforretning [sportsfor'retning] Sportgeschäft

sportsmand ['sportsman] Sportler

sportspige ['sportspijə] Sportlerin

sporvogn ['sporvoun] Straßenbahn

springe ['springə] <sprang, sprunget> springen

sprog [spro:] *n.* Sprache

spørge ['spörə] <spurgte, spurgt> fragen

spørgsmål ['spörsmoul] *n.* Frage

stadion ['städiɔn] *n.* Stadion

starthjælpekabel ['startjelpəkäbəl] *n.* Starthilfekabel

statsborgerskab ['stätsborjərskäb] *n.* Staatsangehörigkeit

statue ['stätuə] Statue

stave ['stäwə] buchstabieren, Kan du godt stave det? [kan du gɔt 'stäwə dä] Können Sie das bitte buchstabieren?

sted [steð] *n. (Ort)* Stelle

stejl [stail] steil

stemme ['stemə] Stimme
sten [ste:n] Stein
sti [sti:] Weg, Pfad
stigbøjle ['stibɔilə] Steigbügel
stige ['sti:ə] <steg, steget> *(auch fig.)* steigen, **stige ind** ['stiə in] einsteigen, **stige om** ['stiə ɔm] umsteigen, **stige ud** ['sti:ə uð] ausssteigen
stikke ['stikə] <stak, stukket> *(mit Stachel oder Messer)* stechen
stille ['stilə] *(Adjektiv)* leise
stille ['stilə] *(Verb)* stellen
stilling ['stiliŋ] *(Position)* Stellung, *(Arbeitsplatz)* Stelle
stivkrampe ['stiwkrampə] Tetanus
stjæle ['stje:lə] <stjal, stjålet> stehlen
stol [sto:l] Stuhl
stor [stor] groß
storm [storm] Sturm
straks [straks] sofort
strand [stran] Strand
stribe ['stri:bə] Streifen
strube ['strubə] Kehle
strøm [ström] Strom
strømning ['strömniŋ] Strömung
strømpe ['strömpə] Strumpf
♂ **student** [stu'dent], ♀ **studine** [stu'di:nə] Abiturient, Abiturientin
studerende [stu'derənə] Student, Studentin
stueetage ['stuəetäschə] Erdgeschoss
stykke ['stükə] *n.* Stück
styre ['stürə] lenken
stærk [stärk] stark

støjende ['stɔjənə] laut, lärmend
størrelse ['störəlsə] Größe
støvle ['stöu̯lə] Stiefel
stå [stou̯] <stod, stået> stehen, **stå op** [stou̯ ɔp] aufstehen
sukker ['sukər] *n.* Zucker
sukkerfri ['sukərfri] zuckerfrei
sult [sult] Hunger
sulten ['sultən] hungrig
sundhed ['sunheð] Gesundheit
supermarked ['supərmarkəð] *n.* Supermarkt
suppe ['supə] Suppe, **dagens suppe** ['däəns 'supə] Tagessuppe
suppeske ['supəske:] Suppenlöffel
sur [sur] sauer
sut [sut] *(Aufsatz für Babyfläschchen)* Sauger
sutteflaske ['sutəflaskə] Babyfläschchen
svag [swä] schwach, *(Radio, Fernseher)* leise
svamp [swamp] Pilz
svanger ['swaŋgər] schwanger
svangerskabsprøve ['swaŋgərskäbspröwə] Schwangerschaftstest
svar [swar] *n.* Antwort
svare ['swarə] antworten
svede ['sweðə] schwitzen
Svejts [swai̯ts] Schweiz
svejtser ['swai̯tsər] Schweizer, Schweizerin
svejtsertysk ['swai̯tsərtüsk] schweizerdeutsch
svejtsisk ['swai̯tsisk] *(adjektivisch)* Schweizer

svigerfar ['swiərfar] Schwiegervater

svigerinde [swiə'rinə] Schwägerin

svigermor ['swiərmor] Schwiegermutter

svin ['swi:n] *n.* Schwein

svinekød ['swi:nəköð] *n.* Schweinefleisch

svoger ['swou̯ər] Schwager

svær [swär] schwer

svømme ['swömə] schwimmen

svømmebad ['swöməbað] *n.* Schwimmbad

sy [sü] nähen

syd [süð] Süden

syerske ['süerskə] Schneiderin

syg [sü] krank

sygdom ['südɔm] Krankheit

sygehus ['süəhus] *n.* Krankenhaus

sygehjælper ['süəjelpər] Krankenpfleger, Krankenpflegerin

♀ **sygeplejerske** ['süəplai̯ərskə] Krankenschwester

sylteagurk ['sültəagurk] *(klein und eingemacht)* Gurke

syltetøj ['syltətɔi̯] *n.* Konfitüre

synål ['sünou̯l] Nähnadel

synes om ['sünəs ɔm] mögen, Jeg synes godt om hende. [jai̯ 'sünəs gɔt ɔm 'henə] Sie gefällt mir., Hvad syntes du om ham? [wað 'süntəs du ɔm ham] Wie fandest du ihn?

synge ['süŋə] <sang, sunget> singen

synsprøve ['sünspröwə] Sehtest

sæbe ['säbə] Seife

sæde ['sädə] Sitz

særtilbud ['sertilbuð] *n.* Sonderangebot

sætning ['setniŋ] Satz

sø [sö] *(Binnengewässer)* See

sød [söð] süß

sødestof ['söðəstɔf] *n.* Süßstoff

søge ['söə] suchen

sølv [sölw] *n.* Silber

søm [söm] *n. (Metallpin)* Nagel

søn [sön] Sohn

søndag ['sönda] Sonntag

søster ['söstər] Schwester

søsyg ['sösü] seekrank

så [sɔ] dann, daraufhin; *(zur Verstärkung)* so; Jeg var så træt. [jai̯ war sɔ tret] Ich war so müde.

sådan ['sɔdan] *(Art und Weise)* so, Du skal gøre det sådan. [du skal 'görə dä 'sɔdan] Du sollst das so machen.

T

tabe ['täbə] verlieren

tag [tä:] *n.* Dach

tage ['täə] <tog, taget> nehmen, tage brusebad ['täə 'brusəbað] duschen, tage med ['täə með] mitnehmen, Du tager det alt for alvorligt. [du tar dä alt for 'alworlit] Du nimmst das viel zu ernst.

tak [tak] danke, Selv tak! [sel tak] Bitte schön!

takke ['takə] danken

tal [tal] *n.* Zahl

tale ['tälə] sprechen

tallerken [ta'lerkən] Teller

tampon [tam'poŋ] Tampon

tand [tan] Zahn
tandbørste ['tanbörstə] Zahn-
  bürste
tandpasta ['tanpasta] Zahnpasta
tandstik ['tanstik] Zahnstocher
tang [taŋ] Zange
tanga ['taŋga] Tanga
tank [tank] Tank
tanke ['tankə] tanken
tankstation ['tankstasion] Tank-
  stelle
tante ['tantə] Tante
taske ['taskə] (Trage)tasche
tastatur [tasta'tur] n. Tastatur
taxa ['taksa] Taxi
taxachauffør ['taksaschoför] Taxi-
  fahrer, Taxifahrerin
taxi ['taksi] Taxi
te [te:] Tee
teater [te'ätər] n. Theater
teaterstykke [te'ätərstükə] n.
  Theaterstück
teknik ['teknik] Technik
telefon [tele'fon] Telefon
telefonbog [tele'fonbo:] Telefon-
  buch
telefonboks [tele'fonbɔks] Tele-
  fonzelle
telefonere [telefɔ'nerə] telefonie-
  ren
telefonkort [tele'fonkort] n. Tele-
  fonkarte
telefonnummer [tele'fonnumər] n.
  Telefonnummer
telt [telt] n. Zelt
telte ['teltə] zelten
tennisbane ['tenisbänə] Tennis-
  platz

termin [ter'mi:n] Termin
terrin [teri:n] Schüssel, Terrine
teske ['te:ske:] Teelöffel
tid [tið] Zeit
tidlig ['tiðli] früh, tidligere
  ['tiðliərə] früher
tidsskrift ['tiðskrift] n. Zeitschrift
til [til] (zu einem Zielort) nach, til
  København/Aarhus [til
  'köbənhaun 'ourhus] nach Kopen-
  hagen/Aarhus, til højre/venstre
  [til 'hɔirə/'wenstrə] nach rechts/
  links, (zu einer Person) zu, jeg
  går til bageren. [jai gour til
  bäjərən] Ich gehe zum Bäcker.,
  an, (i. d. Postanschrift) Til fru
  Toft [til fru tɔft] An Frau Toft
tilbage [til'bäə] zurück
tilbyde ['tilbüðə] <tilbød, tilbudt>
  anbieten
tilfreds [til'fres] zufrieden
tilhøre ['tilhörə] gehören
tillade ['tiläðə] erlauben
tilmelde ['tilmelə] anmelden, til-
  melde sig ['tilmelə sai] sich
  anmelden
time ['ti:mə] Stunde
ting [tiŋ] Ding
tirsdag ['tirsda] Dienstag
tit [tit] oft
titel ['titəl] (eines Buchs etc.) Titel
tjene ['tje:nə] verdienen
tjener ['tje:nər] Kellner
tobak [tɔ'bak] Tabak
tofu [tɔ'fu] Tofu
tog [tou] n. Zug
toilet [toi'let] n. Toilette

toiletpapir [toi'letpapir] *n.* Toilettenpapier

told [tɔl] *(Gebühr)* Zoll

toldvæsen ['tɔlwäsən] *n.* *(Behörde)* Zoll

tolk [tɔlk] Dolmetscher, Dolmetscherin

tolke ['tɔlkə] dolmetschen

tom [tɔm] leer

tomat [tɔmät] Tomate

tommelfinger ['tɔməlfiŋgər] Daumen

torsdag ['torsda] Donnerstag

tosset ['tɔsət] verrückt

tov [tɔu] *n.* Seil

tovbane ['tɔubänə] Seilbahn

trafikmiddel [tra'fikmiðəl] *n.* Verkehrsmittel

transport ['transport] Transport

trappe ['trapə] Treppe

tredjedel ['treðjəde:l] Drittel

tro [tro] glauben

trykke ['trükə] drücken

træ [trä] *n.* Baum

træffe ['trefə] <traf, truffet> treffen

træt [tret] müde

trøje ['trɔijə] Strickjacke

tung [tuŋ] *(von großem Gewicht)* schwer

tunghør ['tuŋhör] schwerhörig

turistinformation [tu'ristinformasion] Touristeninformation

tyggegummi ['tügəgumi] *n.* Kaugummi

tyk [tük] dick

tysk [tüsk] deutsch

tysker ['tüskər] Deutscher, Deutsche

Tyskland ['tüsklan] *n.* Deutschland

tændrør ['tenrör] *n.* Zündkerze

tænke ['tenkə] denken

tæppe ['tepə] *n.* Teppich, Decke

tømme ['tömə] Zügel

tønde ['tönə] Fass

tørre ['törə] trocknen

tørresnor ['törəsnor] (Wäsche)leine

tørst [törst] Durst

tørstig ['törsti] durstig

tå [tou] Zeh

tåget ['touət] neblig

tårn [tourn] *n.* Turm

U

uden ['uðən] ohne

udenfor ['uðənfor] draußen

udflugt ['uðflugt] Ausflug

udfylde ['uðfülə] ausfüllen

udgang ['uðgaŋ] Ausgang

udklædning ['uðklääðniŋ] Kostüm, Verkleidung

udkørsel ['uðkörsəl] Ausfahrt

udlejer ['uðlaijər] Vermieter, Vermieterin

udseende ['uðse:ənə] *n.* *(irreführender Eindruck)* Anschein, *(äußere Erscheinung)* Aussehen

udsende ['uðsenə] *(Rundfunk und Fernsehen)* senden

udskrift ['uðskrift] *(vom Computer)* Ausdruck

udskrive ['uðskri:wə] <udskrev, udskrevet> ausdrucken

udslag ['uðslä] *n.* Ausschlag

239

udtryk ['uðtrük] *n. (Gesichtsmiene oder Phrase)* Ausdruck
udtrykke ['uðtrükə] ausdrücken
udvalg ['uðwal] *n.* Auswahl
udvikle ['uðwiklə] entwickeln
udvikling ['uðwikliŋ] Entwicklung
uge ['uə] Woche
ugift ['ugift] ledig
uheld ['uhel] *n.* Panne, Unfall
under ['unər] unter
underbukser ['unərbuksər] *n.* Unterhose
underkop ['unərkɔp] Untertasse
underskrift ['unərskrift] Unterschrift
underskrive ['unərskri:wə] <underskrev, underskrevet> unterschreiben
undertiden ['unərtiðən] manchmal
undertrøje ['unərtrɔijə] Unterhemd
undervise ['unərwi:sə] unterrichten
undervisning ['unərwi:sniŋ] Unterricht
Undskyld! ['unskül] Entschuldigung!
undskyldning ['unskülniŋ] Entschuldigung
ung [uŋ] jung
ur [ur] *n.* Uhr
USB-kabel [u es bä 'käbəl] *n.* USB-Kabel

V

vable ['wäblə] *(am Fuß)* Blase
vaccinationsattest ['waksinasionsatest] Impfpass
valuta [wa'luta] Währung
vand [wan] *n.* Wasser
vandfald ['wanfal] *n.* Wasserfall
vandhane ['wanhänə] Wasserhahn
vandmand ['wanman] *(harmlose)* Qualle
vandre ['wandrə] wandern
vandrehjem ['wandrəjem] *n.* Jugendherberge
vandtæt ['wantet] wasserdicht
vanskelig ['wanskəli] schwierig
varehus ['warəhus] *n.* Kaufhaus
varm [warm] warm
vaskemaskine ['waskəmaski:nə] Waschmaschine
vaskeri [waskə'ri:] *n.* Wäscherei
ved [weð] bei, nahe
vegetarianer [wege'tariänər] Vegetarier, Vegetarierin
vegetarisk [wege'tarisk] vegetarisch
vej [wai] Straße
vejskilt ['waiskilt] *n.* (Verkehrs)schild
vekselkurs ['weksəlkurs] Wechselkurs
vekselpenge ['weksəlpeŋə] *Pl.* Wechselgeld
veksle ['wekslə] wechseln
♂ **ven** [wen], ♀ **veninde** [we'ninə] Freund, Freundin
vende ['wenə] wenden, vende tilbage ['wenə til'bäə] zurückkehren
venstre ['wenstrə] linker, linke, linkes; til venstre [til 'wenstrə] nach links

vente ['wentə] warten
venteværelse ['wentəwärəlsə] *n.* Wartezimmer
verdifuld [wer'diful] wertvoll
vest [west] Westen
vi [wi] wir
vide ['wiðə] <vidste, vidst> wissen, Det ved jeg godt. [dä weð jai gɔt] Das weiß ich schon.
vidunderlig [wið'unərli] wunderbar
ville ['wilə] <ville, villet> wollen, Vil du spille fodbold? [wil du 'spilə foðbɔlt] Willst/Möchtest du Fußball spielen?
vin [wi:n] Wein
vind [win] Wind
vindrue ['wi:ndruə] Traube
vindspejl ['winspail] *n.* Windschutzscheibe
vindue ['windu] *n.* Fenster
vinranke ['wi:nrankə] Weinrebe
vinstok ['wi:nstɔk] Weinstock
vinter ['wintər] Winter
virke ['wirkə] funktionieren
visum ['wisum] *n.* Visum
vokse ['wɔksə] wachsen
voksen ['wɔksən] erwachsen
voksen ['wɔksən] Erwachsener, Erwachsene
voldtage ['wɔltäjə] <voldtog, voldtaget> vergewaltigen
vores ['worəs], **vor** [wor], o **vort** [wort], Pl. **vore** ['worə] unser, unsere
vuggestue ['wugəstuə] Kinderkrippe

væddeløbsbane ['weðəlöbsbänə] Rennbahn
væg [wäg] Wand
vægskab ['wägskäb] *n.* Schließfach
vægt [wegt] Gewicht
væk [wek] weg
vækkeur ['wekəur] *n.* Wecker
vælge ['weljə] <valgte, valgt> wählen
værdisager [wer'disäər] *Pl.* Wertsachen
være ['wärə] <var, været> sein, Jeg er meget træt. [jai er maiət tret] Ich bin sehr müde., Er I allerede rejst til Danmark? [er i 'aləreðə raist til 'danmark] Seid ihr schon mal nach Dänemark gefahren?
værelse ['wärəlsə] *n.* Zimmer
værelsesnummer ['wärəlsəsnumər] *n.* Zimmernummer
værksted ['werksteð] *n.* Werkstatt
værsgo! [wärs'go] *(wenn man etw. anbietet)* bitte schön!
værtshus ['wertshus] *n.* Kneipe

W

weekend ['wi:kend] Wochenende

Y

yderligere ['üðərlijərə] weitere
yoghurt ['jɔgurt] Jogurt

Æ

æble ['ä:blə] *n.* Apfel
æg [eg] *n.* Ei
ægtepar ['egtəpar] *n.* Ehepaar
ægteskab ['egtəskäb] *n.* Ehe

ægtestand ['egtəstan] Ehestand
æske ['eskə] *(Holzschachtel)*
Packung

Ø

ø [ö] Insel
øgenavn ['öjənaun] *n.* Spitzname
øje ['ɔijə] *n.* Auge
øjeblik ['ɔijəblik] *n.* Augenblick, i
øjeblikket [i 'ɔijəblikət] im Augen-
blick
økologisk [ökɔ'logisk] bio...
øl [öl] *n.* Bier
øre ['örə] *n.* Ohr

øre ['örə] *(dänische Münze: Hun-
dertstel einer Krone)* Öre
ørken ['örkən] Wüste
østen ['östən] Osten
Østrig ['östri] *n.* Österreich
østriger ['östriər] Österreicher,
Östereicherin
østrigsk ['östrisk] österreichisch

Å

åben [oubən] offen
åbne [oubnə] öffnen
år [our] *n.* Jahr
åre ['ourə] Ruder
årstid ['ourstið] Jahreszeit

Alles gepackt?

Gesundheit

Verbandszeug
Blasenpflaster
Tabletten (Schmerztabletten ...)
Andere wichtige Medikamente
Sonnenschutzmittel
Insektenschutzmittel
Ersatzbrille
Kontaktlinsen, Linsenflüssigkeit usw.
Sonnenbrille
Ohrstöpsel

Dokumente

Ausweise (Reisepass, Führerschein)
Grüne Versicherungskarte
Auslandsreiseversicherung
Geld in der Landeswährung
Kreditkarte, Debitkarte

Elektronik

Handy
PDA
Fotoapparat, SD-Karte, Akku (Ladekabel, Ersatz SD-Karte, Ersatzakku)
Rasierapparat
Ladegeräte, Kabel und Adapter für alle elektronischen Geräte

Reiseinformationen

Hueber Sprachführer
Landkarten

Reiseführer
Wichtige Adressen
Wichtige Telefonnummern (z. B. die Hotline des
Kreditkarteninstituts für Notfälle)
Schreibzeug
Reiseliteratur (Buch, Zeitung)

Körperpflege

Handtücher, Waschlappen
Shampoo
Conditioner
Seife
Spiegel
Rasierwasser
Rasierschaum
Rasierer und Klingen
Kamm, Haarbürste, Haargummis
Badeschlappen
Gesichts- und Körpercreme
Nagelschere, Nagefcile
Zahnbürste, Zahnpasta
Reinigungstabletten
Tampons, Binden
Wattestäbchen
Toilettenpapier
Taschentücher

Kleidung

Jacke
Mantel
Handschuhe
Halstuch, Schal
Pullover
T-Shirts
Hemden
Lange Hosen, kurze Hosen

Kleider
Röcke
Blusen
Sportkleidung
Unterwäsche (Unterhosen, Unterhemden, BHs)
Badehose, Badeanzug
Sonnenhut
Regenbekleidung
Schuhe (Sportschuhe, Wanderschuhe)

Fürs Zelten

Zelt
Heringe
Plane
Hammer
Spaten
Zeltlampe
Taschenlampe
Schlafsack
Isomatte
Strandmatte
Klappstuhl
Geschirr
Holzbrett
Besteck
Scharfes Messer
Regenschirm
Essgeschirr
Spülmittel
Geschirrtücher
Topfset
Gaskocher
Gaspatronen
Feuerzeug

Regenschirm
Reisewaschmittel

Zahlen
Tal

X01	0	nul [nul]
X02	1	en/et [eːn/et]
X03	2	to [to]
X04	3	tre [treː]
X05	4	fire [fir]
X06	5	fem [fem]
X07	6	seks [seks]
X08	7	syv [süː]
X09	8	otte [ˈo̬utə]
X10	9	ni [ni]
X11	10	ti [ti]
X12	11	elleve [ˈelwə]
X13	12	tolv [tɔl]
X14	13	tretten [ˈtretən]
X15	14	fjorten [ˈfjortən]
X16	15	femten [ˈfemtən]
X17	16	seksten [ˈsa̬istən]
X18	17	sytten [ˈsütən]
X19	18	atten [ˈatən]
X20	19	nitten [ˈnitən]
X21	20	tyve [ˈtüːwə]

X22	21	enogtyve ['eːnotüːwə]
X23	22	toogtyve ['tootüːwə]
X24	23	treogtyve ['treːotüːwə]
X25	24	fireogtyve ['firotüːwə]
X26	25	femogtyve ['femotüːwə]
X27	26	seksogtyve ['seksotüːwə]
X28	27	syvogtyve ['süːotüːwə]
X29	28	otteogtyve ['oͅutəotüːwə]
X30	29	niogtyve ['niotüːwə]
X31	30	tredive ['träðwə]
X32	40	fyrre ['förə]
X33	50	halvtreds [hal'tres]
X34	60	tres [tres]
X35	70	halvfjerds [half'jers]
X36	80	firs [firs]
X37	90	halvfems [hal'fems]
X38	100	(et) hundrede [(et) 'hunrəð]
X39	1.000	(et) tusind [(et) 'tusən]
X40	1.000.000	(en) million [(eːn) mili'on]